Volume 20

HIDDEN MESSAGE WORD-FINDS™

The Leftover Letters will Reveal a Quote.

Visit us at
kappapuzzles.com

In general,
my children refuse
to eat anything that
hasn't danced
on television.

(Erma Bombeck)

K **KAPPA Books**
A Division of KAPPA Graphics, L.P.
www.kappapublishing.com/kappabooks

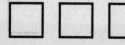
WE ARE THE R'S

The leftover letters will spell out a fun fact about a group of folks who will love this puzzle, as they say the featured letter all day long.

Hidden Message on page 97

```
I R L R E W O R N T E R N A T
I O E N A D O L T R A N G E R
A L B L K G N R O T A R I A N
T L E S U L C E R M E A I K E
R S R E A R E E R P L M R R P
E O I I R R C I U E A B E E A
G T O N E T A B E R V L P T D
I A Y F O P L C I E I E O S S
S B E R E I H R K G R R R A H
T R B R C R T R A E E L T M A
R D I A A N U P M N T I E G J
A D N C R N S E E T C E R N A
R U E T N O C A R C P H E I R
T R E E R E H C R A E S E R M
B E R R M A T E V E E R E R Y
```

RABBI	REBEL	REPAIRMAN	ROOFER
RACER	RECEPTIONIST	REPORTER	ROTARIAN
RACKETEER	RECLUSE	REPUBLICAN	ROWER
RACONTEUR	RECTOR	RESEARCHER	RULER
RAJAH	REEVE	REVEREND	RUNNER
RAMBLER	REFEREE	RINGMASTER	
RANCHER	REGENT	RIVAL	
RANGER	REGISTRAR	ROGUE	

IT'S ONLY MONEY

The leftover letters will sing you some lyrics from the filmed version of "Cabaret."

Hidden Message on page 97

```
A C S E T A R C H A R T M A R
F B U D G E T Y K A E Y S M E
N I A R N V R B U K N A B O C
K D N O B A L O R T N O C N C
H N E A L S M A R S R H A E P
O E O A N O M E U E A N N Y F
L P S I R C S P D R V O X L I
D S D I T N E T G E I E M P G
I N C R E A S E S T D A N P U
N K E P K C L P C N S I T U R
G S X S H A I U I I K N E S E
W E O E B R D R G S K C O T S
R X G O A O Y A P E L O E D G
O A R L R R E S I A R M O H U
W T S P Y M O N O C E E N D C
```

BANK	ECONOMY	MARKET	SALARY
BUDGET	EXPENSE	MONEY	SAVE
CHARGE	FIGURES	PAY	SPEND
CHART	FINANCE	PEAKS	SPIRALS
CHECK	HOLDING	PRICE	STOCKS
CONTROL	INCOME	PRODUCTION	SUPPLY
COST	INCREASES	RAISE	TAXES
CURBS	INDEX	RATES	WAGE
DEMAND	INTEREST	REGULATION	
EARN	LABOR	REVENUE	

HYPHENATED TALK

The leftover letters will reveal one of two U.S. places that share the honor of having the longest hyphenated name. The other is Winchester-on-the-Severn.

Hidden Message on page 97

```
O T T E S K R A P E L B U O D
B T C U D O R P Y B W A H W E
R A S I H C T M A E B I E O G
E H I N A E B S R N F G T R G
A H T L O L R A H I N K I K E
K G L A O E E A W I C O H S L
I I N W L Y V F H A R T W T E
N H D I T S O R T S L T F U E
H R E H I T E K N H E K F D R
Y F G T N D C L P A A M O Y H
E I I A H I I O F U T N I N T
L N E O T N O N O H Y N D T Y
B L T R A Z V O S P E A A E A
W R A P U P E L L M E L L F D
K C A P X I S T N O R F P U D
```

BAS-RELIEF
BLOW-DRY
BREAK-IN
BY-PRODUCT
CALL-IN
CO-OP
D-DAY
DOUBLE-PARK
FAN-TAN

HI-FI
HIGH-HAT
I-BEAM
IN-LAW
LAY-UP
LEAN-TO
LEFT-HANDED
LIGHT-YEAR
NO-NO

OFF-WHITE
PELL-MELL
RED-HOT
SELF-HELP
SET-TO
SIT-IN
SIX-PACK
THREE-LEGGED
TICK-TACK-TOE

TIME-SHARE
T-SHIRT
UP-FRONT
VOICE-OVER
WALK-ON
WORK-STUDY
WRAP-UP

GROW YOUR VEGETABLES

The leftover letters will spell out the title of one of Larry's Silly Songs, a feature in the animated series "VeggieTales."

Hidden Message on page 97

```
T H B E A S P A R A G U S Y E
S N E E R G S O S T O R R A C
D O E H T L A E H H L E L R U
I N T E L R S N O G A V E A D
C I S E M E U E T T T T E I O
C O R N V O T C S T A K E N R
H N M I S S L T K W C M S P P
N S H P B T R E U R D E O O S
E C A R O O N I S C E G N T N
D D E U W S A A A D E L U A A
R H A E Q R T B L P S O L T E
A A L P I S B I E P R V I O B
G R K A S A N A N P O E O E F
T K H E G G S T S E P S S S E
A O L E S U M U H C L U M P S
```

ASPARAGUS	GREENS	ONIONS	SOIL
BEANS	HEALTH	PEAS	SPADE
BEETS	HERBS	PESTS	SPROUTS
CABBAGE	HOE	PLANTS	SQUASH
CARROTS	HOSE	POTATOES	STAKE
CHIVES	HUMUS	PRODUCE	TOMATOES
COMPOST	LETTUCE	RAIN	TROWEL
CORN	MOLES	RAKE	TRUCK
GARDEN	MULCH	SEED CATALOG	WATER
GLOVES	OKRA	SEEDLINGS	

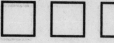

THE GOOD GUYS

The leftover letters will humor you with the definition of a hero as understood by Dwight Schrute of NBC's "The Office."

Hidden Message on page 97

```
A R E H T O R B R H N E E R O
I S D B O R N E O A O U C T O
S P E N I T E N T H G I N K F
I A A C E T H I C R I L I D H
S H O R O I R O A I O D R T R
T A E V A A R U F T D P P M H
E A E R M G O F E E R O P E O
R D T A O U O A N H T O L U R
F O S N D E C N E P W P T E S
I V I S I H D F B O E C H U M
A E U V E A L A R R S T G T E
R T R R A E S T R P O H I A T
M U T S G S H H T M B E L G A
V E L N N Y G E B O O S T E R
L R A E P S E R A P H C E M D
```

ALTRUIST	DOVE	LIGHT	SAMARITAN
ANGEL	FATHER	MOTHER	SAVIOR
BENEFACTOR	FRIEND	PARAGON	SERAPH
BOOSTER	GEM	PEARL	SISTER
BROTHER	HELPER	PENITENT	SUPPORTER
CHUM	HERO	PRINCE	TEACHER
COMRADE	IDOL	PROPHET	WORTHY
DEVOTEE	KNIGHT	SAINT	

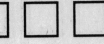
DIVISIONS

The leftover letters will reveal a tenet of Gestalt psychology that has become a familiar adage.

Hidden Message on page 97

```
T  N  E  N  O  P  M  O  C  T  H  S  P  E  W
N  R  E  T  P  A  H  C  M  T  S  E  O  E  H
E  R  A  H  S  D  O  O  N  N  C  G  L  T  L
M  O  T  A  R  A  L  E  E  E  E  M  L  I  I
L  C  S  A  Z  E  I  F  I  M  N  E  O  B  N
L  P  H  N  C  D  G  P  R  G  E  N  D  O  P
A  S  A  U  E  R  E  M  N  A  N  T  I  O  R
T  T  L  R  N  E  A  S  T  R  C  T  R  E  S
S  E  G  I  A  K  S  R  R  F  C  T  T  L  H
N  N  R  A  V  G  N  E  T  E  I  H  I  E  L
I  I  A  E  F  E  R  T  S  O  V  C  S  O  E
A  A  N  U  Y  L  R  A  N  S  E  M  O  F  N
C  R  U  M  B  A  A  S  P  L  I  N  T  E  R
T  G  L  I  P  T  L  K  S  H  D  O  S  E  E
S  P  E  D  O  S  I  P  E  A  R  T  N  S  K
```

ACTS	FLAKE	PARAGRAPH	SHARE
ATOM	FRACTION	PART	SLICE
BITE	FRAGMENT	PIECE	SLIVER
CHAPTER	GRAIN	PORTION	SPLINTER
CHUNK	GRANULE	REMNANT	STANZA
COMPONENT	INGREDIENT	SCENE	VERSE
CRUMB	INSTALLMENT	SECTION	
DOLLOP	KERNEL	SEGMENT	
DOSE	LAYER	SESSION	
EPISODE	MOLECULE	SHARD	

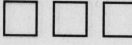

DISNEYLAND

The leftover letters will send you back to July 17, 1955, to when Walt Disney gave a speech at the opening of Disneyland.

Hidden Message on page 97

```
D N A L R E I T N O R F H E E
R Y E H K S E N I L G N O L U
Y T R M A I N S T R E E T M V
O R I U R U D L T M U S I C E
T A D H A R N S E E M C A Y R
S P E A I C A T V S K O R N T
C A S T L E H E E E U C R C H
A E T A R L L L Y D C O I C E
N T E O O G E M G A H E R T E
A D P B A N O R R R L O Y A N
D A P M D U P T E T W F U R C
P M U A S J O T T D O O M S I
A S P E E O T U S O N A O F E
R U O T N A H T G H E I D F U
K T U S M S E M U T S O C R E
```

CAROUSEL

CARTOONS

CASTLE

CINDERELLA

COSTUMES

CROWDS

FRONTIERLAND

GOOFY

HAUNTED

HOUSE

JUNGLE CRUISE

KIDS

LONG LINES

MAD TEA

PARTY

MAIN STREET

MATTERHORN

MICKEY MOUSE

MR. TOAD

MUSIC

PARK

PUPPETS

RAILROAD

REVUE

RIDES

SHUTTLE

STEAMBOAT

TICKETS

TOUR

KEEP IT "SHORT!"

The leftover letters will reveal a wise proverb.

Hidden Message on page 97

```
W D O R S K M S T O R Y Y R E
Y I K T E O C C H S U R P O T
F S O E M C O I P D T R P E S
L P N E E M A V U R E U A G A
L A N D I P A R O Q O H N T H
A T R N E Y R R U L F M S I D
U C G E T V V E S M A A P A E
Q H A S M E I B F E F T M T D
S A O R D E R L U T L L I L I
S W I F T I H M S E T U E L S
E B H U E S P P E O C I N E E
G R N F A E U D E R E P M E T
A I A L E R B W I N D E D I G
M S F L T S H C T R U C A D O
W K S Y F F I J T N A T S N I
```

BRIEF	FLEET	ORDER	SQUALL
BRISK	FLURRY	PEEK	STOP
CIRCUIT	FUSE	PEELS	STORY
COMING	HASTE	PROMPT	SWIFT
CURT	HURRY	QUICK	TEMPERED
DASHED	INSTANT	RACE	TERM
DISPATCH	JIFFY	RAPID	VOLATILE
EPHEMERAL	LIVED	RUSH	WINDED
FAST	METEOR	SIDED	
FLARE	MINUTE	SNAPPY	
FLASH	MOMENT	SPURT	

KING TUT'S TREASURES

The leftover letters will humor you with lyrics from a silly song sung by Steve Martin on a classic "Saturday Night Live" skit.

Hidden Message on page 97

```
N S K S F F A T S O W I F I D
K N T S M B O I J S W F N T H
E E B E A R N Y N A I D L L I
N N E R L L A A B G S B I R D
O U A P A U F H U E L P N J U
T C S I T C M R C T A O E S E
S E D O G H E A K I M M N R I
R E V L I S L L L R I N G S D
T A A V C K K A E Y N E N R A
L S O L C H E B M T A Y M A O
S R N E E B E A Y U P C A J G
Y N N L O T U S D A B Y A O A
U G H N T M E T T E A M G S M
U S Y R L E W E J B E U M E E
L A I N O M E R E C R O W N S
```

ALABASTER	CHARMS	GAMES	NECKLACES
AMULETS	CHEST	GLASS	RINGS
ANIMALS	CROWNS	INLAID	SCARAB
BEAUTY	DOG	IVORY	SILVER
BIRD	EBONY	JARS	STAFF
BRACELET	EGYPT	JASPER	STONE
BUCKLE	FANS	JEWELRY	
CASE	FIGURES	LINEN	
CEREMONIAL	FLASK	LOTUS	

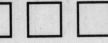
INVEST IN...

The leftover letters will reveal some wisdom from businessman Warren Buffet.

Hidden Message on page 97

```
I N S O C C A B O T V C H N E
S D L O G T L M S S S O O I E
S N A P E T R O L E U M S A T
K C C M M U S I T S N N E R L
C S I T E B O A E H I I B G M
O F T N E T T S R O I O G A A
T U U E O S A T C P N N C N R
S T E I E R O L O D N H G A E
L U C L I L T U S W I N E F V
Y R A O U C L C M N T L A N L
S E M C A T T L E T U A S S I
R S R N R D E R T L R N E S S
U T A Y A N Y R I C E D N H D
F I H T T F A R C R I A I D W
R E P A P O N T S H D O W I T
```

AIRCRAFT	FURS	METALS	SILVER
BONDS	FUTURES	OILS	STEEL
CATTLE	GEMS	PAPER	STOCKS
CLOTHING	GOLD	PETROLEUM	SWINE
COAL	GRAIN	PHARMACEUTI-CALS	TOBACCO
COINS	HIDES		WHEAT
COSMETICS	HOUSES	POULTRY	WINES
ELECTRONICS	LAND	REAL ESTATE	
ENGINES	MACHINERY	RICE	

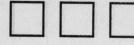

GET INTO IT

The leftover letters will spell out a quote by writer Joseph Campbell.

Hidden Message on page 97

```
F  I  B  P  N  H  N  D  M  U  I  D  A  T  S
A  P  O  B  O  E  L  A  C  U  E  G  N  Y  I
N  S  J  U  I  O  N  S  N  I  D  E  A  E  W
H  R  S  L  T  T  L  I  C  E  M  W  P  M  R
T  E  K  C  A  J  V  L  S  U  B  E  L  P  E
E  S  S  O  S  E  O  T  G  U  I  X  A  T  A
S  U  B  W  R  S  R  R  S  H  O  R  N  E  T
A  O  R  S  E  E  A  P  A  R  T  M  E  N  T
E  R  I  T  V  A  F  E  T  Y  E  S  I  J  I
L  T  O  Y  N  K  T  G  A  U  N  W  F  L  C
Y  S  C  H  O  O  L  E  N  D  N  T  O  H  E
J  B  T  O  C  O  Y  L  R  I  W  N  R  H  I
L  A  B  L  B  U  R  L  C  O  A  T  E  N  S
B  S  H  O  E  S  O  O  R  A  C  R  S  L  U
T  T  H  E  H  P  A  C  I  B  O  O  T  H  N
```

APARTMENT	COAT	LIMOUSINE	SWEATER
ARGUMENT	COLLEGE	PARTY	TAXI
ATTIC	CONVERSATION	PLANE	TRAIN
BATH	FOREST	POOL	TROUSERS
BOAT	GAME	RAFT	TUNNEL
BOOK	HOBBY	SCHOOL	UNIVERSITY
BOOTH	HOUSE	SHOES	
CAR	JACKET	SHOWER	
CLOSET	JOB	STADIUM	
CLUB	LEASE	SUBWAY	

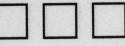
MAKE HASTE

The leftover letters will reveal the words of Victorian clergyman Charles Kingsley.

Hidden Message on page 97

```
T W G K C I U Q H B E H N V R
F E I N S R N O U U S E E S E
D I O G I I N S G U L L D Y A
Y K D T G N T U R T O A D R S
I C S G E L N O T C S N U R W
Y E N T E S E U I H D N S U I
B R S A P T C T R E T T U L F
D A R E T S Y E E S C S E F T
H I E U C I I P F Y O A X U E
D D S V C A P M P R O M P T G
O I T P I S R I F A S T E A N
E L B M A R C S C D P A D S U
U R G E N T D Y T E U A I P L
O O L A A C C E L E R A T E P
B U S Y R R U H T T T P E D E
```

ACCELERATE	FAST	PRECIPITANCY	SPED
BESTIR	FIDGET	PROMPT	SPEED
BUSTLE	FLURRY	QUICK	SPURT
BUSY	FLUTTER	RACES	SUDDEN
DART	HASTEN	RUNNING	SWIFT
DASH	HURRY	RUSH	URGENT
DISPATCH	IMPETUOUS	SCRAMBLE	VELOCITY
DRIVE	PACE	SCURRY	WIGGLE
EXPEDITE	PLUNGE	SCUTTLE	

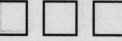

PACING IT OFF

The leftover letters will read you a quote from Shakespeare's "Measure for Measure."

Hidden Message on page 97

```
E V I S R T D U E E I S T B P
G G O L O L D E L R E R H A L
R E A C H U E G P U G E G N U
E S R E V S N A R T U L I V M
A S C D L A G D N A H U E O B
T T O A T I H D I I N R H O B
N I E H L T M S S N T D U O G
C M G N U E H T R I G N R E R
O I M M E N S E C M D E G V A
R L I O R E P A G S P R E A D
D Z T A H O L E V A A C E R E
A R N R C T K F T L T F A R D
G G O S O O A I U O P O I N T
E E A H P H L F R O B L O N G
R F U S C T S G N I R T S F L
```

AZIMUTH	GRAND	PLUMB	SPREAD
BORE	GREAT	POINT	STRING
BOUNDS	HEIGHT	RANGE	TILT
CHORD	HUGE	REACH	TRANSVERSE
CORDAGE	IMMENSE	RIGHT ANGLE	TURN
DEPTH	LARGE	RULER	VECTOR
DRAFT	LEAN	SCALE	VERTICAL
FATHOM	LIMITS	SCOPE	
FOOTAGE	MILEAGE	SHORT	
GIRTH	MINIATURE	SOUNDING	
GRADE	OBLONG	SPOKE	

MUCH ADO ABOUT NOTHING

The leftover letters will reveal some lovely lines from poet John Keats.

Hidden Message on page 97

```
G I S Z T A T H G U A N U L L
N L N R E R N D D I O V A L O
I N E O E R O N D E K A N E A
S N D S I H O M B Y S K T S H
S I E N S T T L I K T O C P Z
I D D B A T A E I T L P L A I
M L E O A N O G P V T D M C L
T R N E K R K U E T E E A E C
N E I N N A R Y O N E S D D H
U H A F E G A E O E M T E I N
A P L L E N R D N S M I N U S
G I B D G O N O T B H T I N G
N C E O M A S S V A C U U M D
O S N O B E V A C U A T E I N
K E N A T N E T S I X E N O N
```

ABANDONED	DESTITUTE	MISSING	OMITTED
ABSENT	EMPTY	NAKED	PURGED
BARREN	ETHER	NARY ONE	SPACE
BLANK	EVACUATE	NAUGHT	VACUUM
BLEAK	GAUNT	NEGATION	VOID
CIPHER	GONE	NO MORE	ZERO
CLOSED	LACK	NONEXISTENT	ZILCH
DENIAL	LESS	NOT A ONE	
DESERT	MINUS	NULL	

WORTHY ATTRIBUTES

The leftover letters with impart the wise words of Sophocles.

Hidden Message on page 97

```
E V R E N A E R E K C U L P B
A C T E H R D E N R F F A R I
Y C R H W D I A E E L L A O W
E T H O E O R O R O I V T W H
G H I E F R P V G I E V R E V
A N A L E T O I Y R N Z E S T
R O Y H I R C I Y S N G O S R
U T T M T B T S S E N D L O B
O H I L A G A E N M E T T L E
C S C L L N N O N S P I R I T
M S A U K I B E R A F R A D C
C E D N D K K O R I C G E I E
Z E U R C D L S R T B I H T Y
F P A A G A M E N E S S T Y R
S H B A V U E V L O S E R Y D
```

ABILITY	ENERGY	METTLE	SPIRIT
ARDOR	FERVOR	NERVE	SPUNK
AUDACITY	FIRE	OPTIMISM	STRENGTH
BACKBONE	FORCE	PLUCK	TENACITY
BOLDNESS	GAMENESS	POWER	VALOR
BRAVERY	GRIT	PRIDE	VERVE
CHEER	HARDINESS	PROWESS	ZEAL
COURAGE	HEART	RESOLVE	ZEST
DARING	HEROISM	SKILL	
ELAN	LOGIC	SOLIDITY	

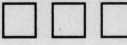
IRISH NAMES

The leftover letters will spell out a J. Keirn Brennan song title.

Hidden Message on page 97

```
Q A L I O T T L K C I R T A P
T U O M A L L E Y F Y D A R B
T K I E R L E S L H B I T A R
E E O G E E L A H F P H E E A
K E V W L E H E R E N R H M S
C G G U N E K I R Y R G U O R
E A E N R R Y M L R A I T M N
B N Y T U O H C Q L A E D N A
Y L Y O N O K C L U E F E A N
F C R E G I A A L L I K L V N
I O I R E T G R Y A N N A I E
D L A R E G Z T I F I R N L R
L D N N A G A N A L F E E L B
Y A L A Y L L E N N O D Y U N
N O T S E R P Y L L I E R S D
```

BAGWELL	FLAHERTY	MURPHY	PRESTON
BECKETT	FLANAGAN	O'GRADY	QUIGLEY
BRADY	FLYNN	O'LEARY	QUINN
BRENNAN	GALLAGHER	O'MALLEY	REILLY
DELANEY	KEEGAN	O'MEARA	RYAN
DONNELLY	KELLIHER	O'NEILL	SHERIDAN
FARRELL	KIERNAN	O'ROURKE	SULLIVAN
FITZGERALD	MCCARTNEY	PATRICK	

SILENT MOVIES

The leftover letters will spell out the outraged words of Lina Lamont, who in "Singin' in the Rain" is told that her voice is more suitable for silent films than talkies.

Hidden Message on page 97

```
T W H A P T S W P R S S O G N
T G W C A H N I T E L H T I G
E R H O E M O O L A R A B S N
N W E M A Y A T I L I F T H I
N A L E K W I R O T O H O E T
E A T D L T E E D G C Y V R O
S S T I R S H M T O R A D O M
L I V E M U S I C S L A E E E
B I T S S G I M D E I E P S C
E N S T U D I O N N Y N M H M
I A O S E R U T S E G A A A Y
O R G A N M I N N C I P K I D
Y U M R O N Y A G S L E B O P
K E A T O N H P R I U S O M E
D R O F K C I P N P T H I N G
```

ACTION	GISH	ORGAN	SENNETT
BARA	HEROES	PANTOMIME	SERIALS
CHANEY	INTERTITLES	PERFORM	STORY
CHAPLIN	KEATON	PHOTOGRAPHY	STUDIO
COMEDIES	LIVE MUSIC	PIANIST	VALENTINO
EMOTING	LLOYD	PICKFORD	
GAYNOR	MAKEUP	REELS	
GESTURES	MELODRAMA	SCENES	

LAUNDRY DAY

The leftover letters will humor you with a quote by Whoopi Goldberg.

Hidden Message on page 97

```
R E N E T F O S R R R P N O R
M A L H A N G E R E H S A W I
E L D N U B S E P H W N O O O
T H S O A K N M H T S A P I S
C B C S I A A D C A K N R G L
M L K R E H O L R L C R E D E
T E O L A L O O I D O H S A N
T A C T O T K F N E S S A R
E C C A H E S N S T L U E Y E
M H D I L E C L I E E B D T Y
U S N I A T S L N R O N M S R
L G P A K P I L G G W W T U D
O A S S R N H I I E N G M U J
V A A A E L C Y C N I P S C B
H T Y N O R I W A T E R I N E
```

BASKET
BLEACH
BUNDLE
CLEANER
CLOSET
CLOTHESLINE
CLOTHING
DETERGENT
DRAWER
DRYER

FOLD
HAMPER
HANGER
IRON
JUMBLE
LATHER
LINEN
LOADS
PILE
PRESS

RINSING
SOAK
SOAP
SOCKS
SOFTENER
SOIL
SPIN CYCLE
SPRAY
STAINS
STARCH

SUDS
TASK
TUB
VOLUME
WASHER
WATER
WRINKLES

ATTENDING CHURCH

The leftover quote will reveal a line from the Woody Allen film "Annie Hall."

Hidden Message on page 97

```
I  C  P  A  R  I  S  H  O  L  Y  D  A  Y  H
V  E  S  P  E  R  S  A  M  T  S  I  R  H  C
L  A  N  O  M  R  E  S  E  L  N  A  N  T  A
C  I  S  U  M  E  L  G  L  C  N  G  M  B  E
R  B  S  E  T  T  B  E  E  O  I  W  Y  I  R
I  A  A  T  T  S  B  L  I  V  H  V  H  B  P
A  C  T  P  E  I  D  S  E  N  Y  R  R  L  E
L  I  O  L  T  N  S  A  G  I  O  N  W  E  T
H  A  T  M  A  I  L  A  R  D  S  O  T  C  S
V  H  E  C  M  M  S  E  N  I  R  H  S  T  I
R  T  O  L  S  U  T  M  P  S  E  I  E  E  N
S  E  A  M  N  S  N  S  H  S  W  G  I  R  G
I  S  N  D  A  P  O  I  C  H  O  I  R  N  O
P  P  A  E  U  G  P  R  O  D  L  G  P  L  A
R  Y  M  E  C  H  E  A  C  N  F  N  I  C  S
```

ALTAR	CROSS	LECTERN	SERMON
BAPTISM	EASTER	LISTEN	SERVICE
BELLS	FLOWERS	MINISTER	SHRINE
BIBLE	GIVE ALMS	MISSIONARY	SING
BLESS	GOD	MUSIC	SUNDAY
CANDLE	GOSPEL	PARISH	VESPERS
CHOIR	HOLY DAY	PREACH	WORSHIP
CHRISTMAS	HOMAGE	PRIEST	
COMMUNION	HYMN	PSALM	

THE EVERGLADES

The leftover letters will inform you with a Guthrie Perry quote.

Hidden Message on page 97

```
L R T H E G R E M B U S E M A
R E O P D E M A T N U A S H I
S A V U R S F I S L T D E R S
D Y S A T O O E S D R I B S T
E N O N R E T O M E R R B M A
N D A I A T I E C O L O G Y T
B L K L L U U F C F A L E S E
P R E E L T Q S T T H F L E V
M R D A I E S A S F E A F E O
A C E S G N O T N T M D L O L
W C I H A L M F A I A A T H V
S V H T T N E M N O R I V N E
E F U A O N I A L G S A O O D
A R N D R L A S E T H O M R M
E T I D C T E P N O I G E R S
```

ALLIGATOR
ANIMALS
BIRDS
BOATS
CHART
CLIMATE
EAGLE
ECOLOGY

ENVIRONMENT
EVOLVE
FLORIDA
LAND
LARGE
MARINA
MARSH
MOSQUITO

NATURE
PANTHER
PLANTS
PROTECTED
REGION
REMOTE
ROUTE
SOAKED

SUBMERGE
SWAMP
TRAVEL
UNSETTLED
UNTAMED
VISIT

DOUBLE-DEAL

The leftover letters will reveal a bit of trivia about our language.

Hidden Message on page 97

```
E X C E S S T E H O E O O N L
Y E A D D R E S S E O N G L I
S H F E F Y W W S T F B O R G
D W P F O T A I T E U F A T R
H E U L O S I A F O C F U T O
E P P F S C T U S R D E F N S
T M F A O U R B S L L I R G S
E E R G I D E P O L E L E K T
E G N T S S A R B G F I E E
R P A N H I S H C L R L E S E
I N A F E E R C A O L U E O K
W I S F R S E S O M S F R U N
H A W A I I S L B F P F U B A
O O K H F K G E F E F O P E Y
P E R C F I L L E M S S O L F
```

ADDRESS	FLOSS	PUFF	STUFF
BRASS	FLUFF	PUREE	TABOO
CHAFF	GLASS	RECESS	TATTOO
COFFEE	GRASS	SCOFF	TENNESSEE
CROSS	GRILL	SHAMPOO	TOFFEE
EMPLOYEE	GROSS	SHERIFF	WAITRESS
EPEE	HAWAII	SKILL	YANKEE
EXCESS	IGLOO	SMELL	
FLEE	PEDIGREE	SNUFF	

GIVE ME A "BREAK"

The leftover letters will reveal a popular ad slogan from fast-food chain McDonald's.

Hidden Message on page 97

```
N O I S S I M R E T N I S Y N
O T A K E F I V E E S T C A O
T F E L C E U D S S A R T U I
D N E K E E W U B T P S U E T
S S R F I S A R I F E I L B A
S R F H P P E O F I E O T E C
E O E L O A N O S S O V R E A
C V I T T L E V S S M E E G V
E T A H N M I O E U W A A N F
R H E E I I P D R R T E S A E
B R D T L E L A A E R A N H I
P O D A N C E P E Y A K I C L
I U T O E T D I S R U P T H E
R G T F I R D P A N S E V E R
T H E L A W B A E P A C S E Y
```

BREAD	EVEN	PAUSE	STATION
BREATHER	FISSURE	RECESS	TAKE FIVE
BURST	FREE	RELIEF	TEAR
CHANGE	HIATUS	RESPITE	THE LAW
CLEAVE	HOLIDAY	RIFT	THROUGH
CLEFT	INTERMISSION	SEVER	TIME OFF
COFFEE	INTO PIECES	SIESTA	TRIP
CUT	LAPSE	SMASH	VACATION
DANCE	LOOSE	SNAP	WEEKEND
DISRUPT	NEWS	SPLINTER	
ESCAPE	OPEN	SPLIT	

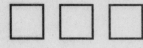

BUNDLE UP

The leftover letters will reveal a quote by Lord Byron.

Hidden Message on page 97

```
B  M  E  K  S  W  W  A  T  W  H  R  W  M  B
T  A  O  C  N  I  A  R  S  U  I  E  E  F  T
O  T  F  O  U  P  O  I  L  E  N  N  A  L  F
H  E  L  M  G  F  S  C  S  M  V  B  T  V  U
C  R  E  S  M  U  O  N  R  T  R  E  H  E  Y
N  I  E  O  E  L  O  A  R  I  C  C  E  R  R
O  A  C  D  L  T  W  E  C  L  S  O  R  L  E
P  L  E  A  T  B  N  R  O  R  E  Z  A  A  S
T  R  R  U  T  C  E  T  O  R  P  Y  M  T  O
U  E  B  R  H  P  H  L  N  L  I  N  I  N  G
N  H  K  C  A  I  O  P  O  E  I  U  S  F  B
I  T  O  C  N  C  L  O  A  K  M  A  U  U  T
C  A  B  G  A  L  A  Y  E  R  E  R  T  R  C
T  E  H  A  S  J  T  N  E  C  K  W  A  S  H
E  L  T  N  A  M  N  O  I  H  S  A  F  G  E
```

BUTTONS	FLANNEL	MATERIAL	TAILOR
CAPE	FLEECE	NECK	TRENCH COAT
CLOAK	FURS	PARKA	TUNIC
CLOTHING	GARMENT	PONCHO	WAISTCOAT
COLLAR	HEAVY	PROTECT	WARM
COLORS	JACKET	RAINCOAT	WASH
COMFORT	LAYER	SLEEVES	WEATHER
COZY	LEATHER	SMOCK	WINTER
FABRIC	LINING	SNUG	
FASHION	MANTLE	SUEDE	

AT THE BOOKSTORE

The leftover letters will tickle your funny bone with the words of Groucho Marx.

Hidden Message on page 97

```
O U B K T S I D B E O X F S A
C O M I C S D N E K O O B W D
O G A B B A C I S U M B O O O
K E M A G L B I T S S L D B A
T S T I C K E R S R M I A N C
C R E P E P A P E R S C S A C
I B A E O S S V L P T N F L F
T K R V I S O H L E A E I K N
Y O N D E C T A E Y I P P R N
M T Y I D L Y E R L B S E A I
A W R R A D G T R O V S E M T
P O A O F I E U A A A E D K O
G H I I T O D R I R S T S O O
O D D A P R D N E D K T O O R
Y R A N O I T C I D E E A B D
```

BESTSELLER	CLIPBOARD	GAME	POETRY
BIBLE	COMICS	HARDCOVERS	POSTER
BOOKENDS	CREPE PAPER	HOW-TO	SHELVES
BOOKMARK	DIARY	INDIA INK	STICKERS
BOWS	DICTIONARY	MUSIC	TAPE
CAFE	DISPLAY	PAPERBACK	TRAVEL GUIDE
CITY MAP	ERASER	PENCIL BOX	

WHAT WAS THAT?

The leftover letters will reveal a smart-aleck line from "The Breakfast Club."

Hidden Message on page 97

```
O O H Y L L A B U Z Z E R R K
C C T E K C A R D O S I R E N
R I R O A R Y U L R D O K T O
A Y T N D H O N U N U N R T C
S R N A O O O S O T O M O A K
H O E W T I O I C H E D M L E
N T L D S S S R E R P J A C S
B M O E N O Y R B T E O L S O
C A R C L U A W R E T A C R N
T L R P S F H M I P L B M A I
S D X K N I R T E M H L T T C
A E H A S A N E N U R O U T B
L B F T L H C E E R C S N L O
B K L A X O N C K T O U S E O
S E M I H C S I T U O H S R M
```

ALARM
BALLYHOO
BARK
BEDLAM
BLAST
BUZZER
CACOPHONY
CANNON
CATERWAUL
CHIMES

CLAMOR
CLATTER
CRASH
DOORBELL
DRUM
EXPLOSION
FANFARE
HONK
HORN
HOWL

JET
KLAXON
KNOCK
NOISE
OUTCRY
PHONE
RACKET
RATTLE
ROAR
SCREAM

SCREECH
SHOUT
SIREN
SONIC BOOM
STATIC
THUNDER
TOCSIN
TRUMPET
WHISTLE

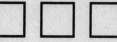

CALENDAR NOTES

The leftover letters will sing you a line or two from the golden oldie hit "Calendar Girl."

Hidden Message on page 97

```
I L W E E K S O Y Y V E I L O
V W E R B E H R R R A E Y E H
J U L I A N A I L A A D O V C
E H E S E N I H C U L U N M R
Y Y O L U I T T L R E O N O A
C N A L D E C E M B E R S A M
S W A D I L N O V E M B E R J
P E L S S D E S T F C N E E D
R D I A E R A S R G I B I T R
I N R L E T U Y V Y M F J N M
N E P J U G A H S E A U E I O
G S A R U D R D T L L D Y W N
D D D A I N A P L Y S Y N O T
N A I R O G E R G F I T H U H
Y Y F E Y S E A R R E M M U S
```

APRIL	HEBREW	MONDAY	SUNDAY
AUGUST	HOLIDAYS	MONTHS	THURSDAY
CHINESE	ISLAMIC	NOVEMBER	WEDNESDAY
DATES	JANUARY	SATURDAY	WEEKS
DECEMBER	JULIAN	SEASONS	WINTER
FALL	JULY	SEPTEMBER	YEAR
FEBRUARY	JUNE	SOLAR	
FRIDAY	LUNAR	SPRING	
GREGORIAN	MARCH	SUMMER	

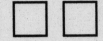
RENT IT

The leftover letters will reveal a line from the title song of the Broadway musical "Rent."

Hidden Message on page 97

```
B H F L L I R D E A D A R L I
E I N O E O S B R E T E U A D
G M K L R I C S N U N E S T T
A B U E L M I K X A O O F R O
T M W T E K A E E D M U I A E
T Y O L S K D L N R R M M C Q
O F B W I O C O W N M N M T U
C A I D E T C U I E A N O O I
T I L L E R D T R N A O V R P
E W T P K A U D I T O R I U M
N H R E T R A I L E R I E S E
T A E G E M O O R D E A G B N
C D G D L O F F A C S L O O T
L I D O N E E V I C S A W T I
O N E L O R P M U P T P N A Y
```

AUDITORIUM	DRILL	MOVIE	TILLER
AUTO	EDGER	MOWER	TOOLS
BIKE	EQUIPMENT	PUMP	TRACTOR
BOAT	FORKLIFT	ROOM	TRAILER
CARPET	FORMALWEAR	SAW	TRIMMER
CLEANER	FURNITURE	SCAFFOLD	TRUCK
CONDO	GOWN	SKIS	TUXEDO
COSTUME	LOCKER	TABLE	
COTTAGE	LODGE	TENT	

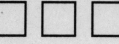
HOW ARE YOU?

The leftover letters will unveil a Fran Lebowitz quote.

Hidden Message on page 97

```
R H Y C U R I O U S H Y U M T
G E P B F R E S H U C P O E I
Y L P L R I H E T O Y A N C G
T I A O L A N G U I D S L S L
T S H D R E Z L N R E S O M E
A U L P R P U E D E T I C X E
C O C E H F S I N S U V B S F
B I S O T S A E E T I E H T U
U D T C R T I L V P T E U Y L
F U A E S D B D E I O R M R A
G T O O H A I N U E T O B G I
D S U C I T S A C R A S L N R
P R E M R I A S L O P G E A A
N I A V V N A P L I A L E R T
T Y T E E W S L A I N E G R E
```

ALERT	CURIOUS	LANGUID	SHY
AMIABLE	EAGER	PASSIVE	SOUR
ANGRY	EXCITED	PENSIVE	STAID
APATHETIC	FRESH	PROPER	STUDIOUS
BOLD	GENIAL	PRUDISH	SWEET
BRAZEN	GLAD	RESTIVE	TACTFUL
CALM	GLEEFUL	SARCASTIC	TENSE
CATTY	HAPPY	SERENE	VAIN
CORDIAL	HUMBLE	SERIOUS	
COY	IRATE	SHARP	

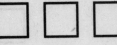
USING THE WOK

The leftover letters will reveal the catch phrase of Martin Yan's long-running cooking show, (The phrase also contains the show's title.)

Hidden Message on page 97

```
G B R A I S I N G I K R O P Y
C N U T S T N E K C I H C G L
S A I B H I G H H E A T N M K
Z E R Y R R F S G G E I U S C
E L S R R O Y S I A M S N N I
C H E A O F C N P A H A C K U
H E T M M T G C E R E T A W Q
U S C O O E S T O B O Y A O K
A R G U R N S O N L I U N I O
N E N I A B M E H R I O T L O
S P I R T S F E E B O N C S C
M P W A O O R T P D P I L A F
A E E M K B A U L Y S O S U O
L P T A S E O E O O C N A T N
C Y S T M S S O U S I M M E R
```

BEANS	FRYING	ONION	SPROUTS
BEEF STRIPS	GINGER	PEPPERS	STEAMING
BRAISING	HERBS	PILAF	STEWING
BROCCOLI	HIGH HEAT	PORK	STIR OFTEN
BROTH	LEMON	SAUTE	SZECHUAN
CARROTS	MEAT	SESAME SEEDS	TAMARI
CHICKEN	MUSHROOMS	SIMMER	TERIYAKI
CLAMS	NOODLES	SOUP	WATER
COOK QUICKLY	NUTS	SOUR SAUCE	
EGGS	OILS	SOY	

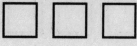 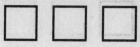

THUMBS UP!

The leftover letters will present to you a quote by writer Elbert Hubbard.

Hidden Message on page 97

```
M E B N L A R H Y N O T E O N
C L L W Y A U A Y D S R A I C
H H U A T G V H N A R S T P H
N E E V Y R P O R E W A R D S
G O R E I O I V R E N O W H A
E V I E R T K B W P S C B A L
S A B T O M L I U E P O O H U
U R B M A E O Y S T O A G R T
A B O I T D R M V S E E S G E
L R N T R A N M T H C E E P S
P E E A C L R E K C I T S Y I
P R T S S E R S M I L E A R A
A V O I C E G E T M S K G R R
E A E Z I R P L E B O N T R P
E W A R E Z T I L U P C R D S
```

APPLAUSE	EMMY	PAT	STICKER
APPROVAL	ENCORE	PRAISE	TONY
AWARD	HUG	PROMOTION	TRIBUTE
BLUE RIBBON	KISS	PULITZER	TROPHY
BOOSTER	LETTER	REWARD	WAVE
BRAVO	MEDAL	ROSES	
CHEER	NOBEL PRIZE	SALUTE	
COMMENDA- TION	OKAY	SMILE	
	OSCAR	SPEECH	

HOUSEKEEPING

The leftover letters will humor you with a quote from Alice, the house-keeper on "The Brady Bunch."

Hidden Message on page 97

```
I  B  P  H  F  T  H  A  O  O  P  M  A  H  S
E  O  R  O  S  D  N  I  L  B  R  O  O  M  T
M  S  C  U  L  A  R  R  E  P  I  W  E  U  E
S  S  L  L  S  I  W  O  O  D  W  O  R  K  E
S  E  V  L  E  H  S  E  N  I  L  N  A  N  H
T  D  A  C  A  A  Y  H  T  H  M  I  N  T  S
N  A  C  U  S  B  N  S  H  A  K  E  N  E  E
E  H  U  R  G  C  H  S  T  I  S  E  X  C  G
M  S  U  T  C  S  R  T  E  W  G  A  A  I  N
A  W  M  A  H  M  R  E  O  R  W  B  N  T  A
N  A  T  I  A  E  W  D  E  M  O  U  S  T  H
R  B  N  N  S  A  N  T  L  N  O  R  P  A  C
O  E  T  S  L  I  E  T  I  I  S  C  R  A  N
D  E  I  L  W  D  T  S  T  A  A  S  P  I  E
L  R  S  F  E  C  T  K  S  O  A  P  I  D  M
```

AIR	DETERGENT	SCRUB	VACUUM
APRON	LINE SHELVES	SHADES	WALLS
ATTIC	MANTEL	SHAKE	WASH
BLINDS	MIRROR	SHAMPOO	WAXES
BROOM	MOP	SHINE	WINDOWS
BRUSH	MOTHBALLS	SOAP	WIPE
CHANGE	ORNAMENTS	SWAB	WOODWORK
SHEETS	PAIL	TILE	
CLEANSER	POLISH	TURN	
CURTAINS	SCREENS	MATTRESS	

ATTEND THE MEETING

The leftover letters will reveal the title and author of a famous book that details the proper way to conduct a meeting.

Hidden Message on page 97

```
A R G U E R O B Y E E N B S R
T D S M O T I O N L O A R E T
B P N R U O J D A I L U L T R
O U R E D R O O T L L A C U O
A N S E G R E A O N L S T N P
R A O I S A Z T C T E O F I E
D Y O E N I M R O N V S P M R
D S R E N E D E M I A S E E D
R B T A M A S E M O G S R R N
Y O G B T E G S I P E U O P P
V R E A Y E T N T P S C A E R
O R B A A L R C T A E S O L C
S L H O F F I C E R S I T E N
E V O R P P A R E L R D E Y M
T P O D A R T O B S E E V R T
```

ADJOURN	CALL TO ORDER	MOTION	SECRETARY
ADOPT	CLOSE	NAYS	TABLE
AGENDA	COMMITTEE	OFFICERS	TALLY
APPOINT	DATA	OPEN	TREASURER
APPROVE	DISCUSS	ORGANIZATION	VETO
ARGUE	ELECT	PASS	VOTE
AYES	ENDORSE	PRESENT	
BALLOT	GAVEL	PRESIDE	
BOARD	MEMBERS	RECORD	
BUSINESS	MINUTES	REPORT	

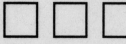
DINER'S DELIGHT

The leftover letters will reveal words by Benjamin Franklin.

Hidden Message on page 97

```
L F O O N O L E M R L S T T M
S E L D O O N I O N S O U P A
E F N K A D E L S F O A O E E
S I A N I L L H S R T R R S
D L P V E S A O A K E A T C N
N E E Y D F M S R S G G E H A
O T S T R I P E D B A S S R N
M M T E N R U W A P N G E T C
L I R Y I A E K C T O L N S H
A G A F S R E B I A B R N A O
M N T S U D R E R B V A K O V
B O M F H D E E O E I I L T I
N N I A E A G C H L D T A L E
T G M A P P L E S C H L E R S
S T N I M M S T U N T S E H C
```

ALMONDS	ELDERBERRY PIE	MEATBALLS	SALAD
ANCHOVIES	ENDIVE	MELON	SAUERKRAUT
APPLES	FENNEL	MINTS	SNAILS
BAKED HAM	FIGS	NOODLES	STRIPED BASS
CAVIAR	FILET MIGNON	ONION SOUP	TARTS
CHERRIES	FUDGE	OREGANO	TOAST
CHESTNUTS	HOMINY	PERCH	TROUT
COBBLER	LAMB	PORK	
EGGS	LASAGNA	ROLLS	

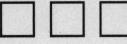

HANG-UPS

The leftover letters wing you an except from a well-known Christmas carol.

Hidden Message on page 97

```
K C O L C L L A B O C S I D D
E T H E R M O M E T E R C L K
R W E G E T B E L L E S S A T
E I L H A O E S I D I H T M A
I N C L L B T T E O S B A P A
L D I W T O G E R H P I O T P
E C C H W N F N L E T L C M R
D H I E I D A A I T T O A B O
N I L L R M U D G H S S L T N
A M I I E N R A N S C I O C E
H E B N D O W S I E A N M P E
C O T R R N K W R U P S U G R
H S Y R I I O I R E N O H P C
F H I N R E T N A L I G H T S
O M G T L L Y G E R U T C I P
```

APRON	DISCO BALL	MOBILE	SCREEN
AWNING	EARRING	ORNAMENT	SKIRT
BELL	ICICLE	PENDANT	SWING
BIRD FEEDER	LAMP	PHONE	TASSEL
CEILING TILES	LANTERN	PICTURE	THERMOMETER
CHANDELIER	LAUNDRY	PLATE	TOWEL
CLOCK	LIGHTS	POSTER	WIND CHIME
CLOTHES	MIRROR	PUNCHING BAG	
COAT	MISTLETOE	SASH	

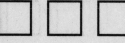
ON THE EDGE

The leftover letters will recite an excerpt from the Shel Silverstein poem "Edge of the World."

Hidden Message on page 97

```
P E M I R B S E L V A G E E F
E G N I R F G K L E H C D R F
T I M I L D P O V A N C O L C
L E N R E T H E V E W N A E U
A K D L O H S E R H T N E E R
T D Y B G E R E R I G W U H B
R R T A E G F M E E P R E G T
O M I N E M A R G I N H H E B
P O M K U E M A R F K R E L U
E L E C S S M O E K T C O R E
C D R R F T S U D R N L O C Y
S I T E A R U H R U I N D D I
C N X S C A I O O N O T E L L
Y G E T B M I L B R P O U T H
E W O R L D F I L S E F L A T
```

BANK	CURB	GUNWALE	PORTAL
BEACH	DOCK	LEDGE	SEAM
BORDER	EXTREMITY	LIMB	SELVAGE
BRIM	FLANGE	LIMIT	SHORE
BRINK	FLOUNCE	MARGIN	THRESHOLD
CIRCUMFER-	FRAME	MOLDING	VERGE
ENCE	FRILL	OUTSKIRT	
CORNER	FRINGE	PERIPHERY	
CREST	FRONTIER	POINT	

DOWN BY THE RIVERSIDE

The leftover letters will inspire you with the Biblical words of Revelation 21:6.

Hidden Message on page 97

```
O  G  N  O  C  I  T  R  H  I  N  E  Y  L  W
I  L  A  L  T  I  D  O  R  B  E  B  D  E  G
I  Y  A  N  G  T  Z  E  V  E  S  U  D  N  I
U  N  R  R  G  I  A  P  L  T  O  N  A  A  H
I  M  I  T  A  E  R  W  U  A  A  A  W  H  A
E  S  E  N  M  S  S  A  A  R  W  D  A  A  V
T  C  D  I  B  U  I  S  G  O  U  A  R  A  A
E  T  A  L  I  E  H  O  L  N  G  S  R  I  R
R  B  M  E  A  M  I  L  S  L  U  Z  I  E  D
T  O  L  F  P  R  E  T  O  H  A  S  S  V  L
E  F  O  E  A  Y  T  V  U  M  E  E  I  O  N
A  N  G  A  R  A  I  T  B  A  W  N  I  I  N
O  F  T  H  A  E  S  E  G  N  A  R  O  W  A
T  E  R  O  N  O  Z  A  M  A  E  F  L  H  I
F  E  F  R  A  I  A  E  E  L  Y  A  M  U  R
```

AMAZON	ELBE	NILE	SUNGARI
AMUR	GAMBIA	ORANGE	TIGRIS
ANGARA	GANGES	OTTAWA	TISZA
CONGO	INDUS	PARANA	VOLGA
DANUBE	IRRAWADDY	PEACE	WESER
DELAWARE	LENA	PURUS	YANGTZE
DRAVA	LOIRE	RHINE	YELLOW
DVINA	MADEIRA	RHONE	ZAMBEZI
EBRO	MEUSE	RIO GRANDE	

PAMPER YOURSELF

The leftover letters will reveal a quote by Hedy Lamarr.

Hidden Message on page 97

```
I M D T R E A T O N T F E G H
N A A E N R W D H T A B N S T
E A L E E A A E G A M I I F O
O A E N R Z I T L H M L O H O
X I J L U C I D W L O S E H M
E O L N C I S R A P B A E T S
Y S E E I F A C U R L E N C R
L H W N D R E V I T A L I Z E
T O O O E A T B H O S T T N T
H W T T P G U Y I S E I U N G
K E Z I G R E N E M E A O B O
U R T I O A T I S O M R R M R
D E R A M N A O S S A A F G E
A N D I T C C M A S S A G E G
O E S A R E D W O P K W A Y R
```

BATH	HEALTHY	POLISH	SHOWER
CALMING	IMAGE	POWDER	SMOOTH
CLEAN	LOTION	RADIANT	SOFT
COSMETICS	MASK	REFRESH	TONE
CREAM	MASSAGE	RELAX	TOWEL
ENERGIZE	MOISTURIZE	REVITALIZE	TREAT
ENJOY	OIL	ROUTINE	WELL-BEING
FRAGRANCE	PEDICURE	RUB	

TIME FOR SLEEP

The leftover letters will reveal a possible quote from Rip Van Winkle.

Hidden Message on page 97

```
T U O K C A S L W O L L I P Y
H G S O E C N E L O N M O S T
G N T N C Z Z A A Z D E W B F
I I I E O O N Z N Z Z O E U I
N N L R W R Z Z D O R R L N R
D E L I U E E Y O D T L Z I D
I V Y T P Z E N F H M Z Z N Z
M E C E H S S H N O Z Z B R Z
Z O E R T G L M O R P H E U S
N L E E A U I N D U E Z D T L
S B E L L D H L Z Z R S Z H U
Z H I L D Z L S I Z Z S T S M
S T A R S N Z E Z W Z K N U B
Z B Z Z C Y A H E H T T I H E
Y Z Z H C U O C Z E S O P E R
```

BED	DRIFT	NOCTURNAL	SLUMBER
BERTH	DROWSY	OWL	SNOOZE
BUNK	EVENING	PILLOW	SNORE
CANDLE	FULL MOON	REPOSE	SOMNOLENCE
COT	HIT THE HAY	REST	STARS
COUCH	HUSH	RETIRE	STILL
COZY	LAND OF NOD	SACK OUT	TURN IN
CRADLE	LULLABY	SHEETS	TWILIGHT
CRIB	MIDNIGHT	SHUTEYE	WEE HOURS
DEW	MORPHEUS	SLEEP	

FULL OF COLOR

The leftover letters will sing you a few lines from "The Rainbow Connection."

Hidden Message on page 97

```
R A T I N M S I R P B O B W H
S A H R E S P A I N T E R C V
I S G D P C E R U T C N I T I
O N I S O T C C A H E R G E Y
R U L L C E T O O I N L H D B
M Y O Y S I R W L N N L T A A
U R S R O I U O O P D B N H N
S A A A D N M I T L A A O S D
E Y D M I D X R B N G S R W I
S A I I E E R E F L E C T Y R
N N B R L O W S I H U M H E O
T A I P A E L T B U S S G K L
V N M A K E T O N E A N H I F
N O I N T E N S E L I O T H P
C I N T R S G T F T O H I D E
```

BAND	GLOW	PRIMARY	STAIN
BLUSH	INTENSE	PRISM	SUBTLE
BRIGHT	KALEIDOSCOPE	RAINBOW	TINCTURE
COLOR	KEY	RAYS	TINGE
COMPLEXION	LIGHT	REFLECT	TINT
DYE	MEDIUM	RICH	TONE
FLASHY	PAINT	SECONDARY	
FLORID	PASTEL	SHADE	
GLITTER	PIGMENT	SPECTRUM	

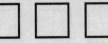

HIDDEN MESSAGE WORD-FIND 40

WORLD DAMS

The leftover letters will reveal a quote by Mike Todd.

Hidden Message on page 97

```
A Y A K A R A K E R T A N E E
R B Z S E A V E A O E H M K C
D R U W E M J N K H O O E L N
N S L I D N I T O O S B B A E
E S A F I P O H V S A R D K X
M A M T O G E E O N T E O H I
L N A M U T R N L E R E R W D
A R Y L K C O R Y S S O M A D
M O L W O K R K H A O T T R N
O G H U R A I A A O N L I T A
I U H E Z O H N C C H I V O R
V E O R P Z G S S I U A O F G
A D A R T M O U T H E R I N G
U R A R D I V N N C A I O P N
G E E T A C H I E N R U S B U
```

ALMENDRA	ERTAN	KINSHAU	OYMOPINAR
AMALUZA	GRAND	LAKHWAR	ROGUN
BORUCA	DIXENCE	LOS LEONES	SAN ROGUE
CHICOASEN	GUAVIO	LUZZONE	SWIFT
CHIVOR	HAIPU	MIHOESTI	TACHIEN
DARTMOUTH	HOOVER	MOSSYROCK	TOKTOGUL
DWORSHAK	KARAKAYA	MRATINJE	VIDRARU
EMOSSON	KEBAN	NADER SHAH	

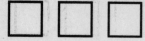

THE DICTIONARY

The leftover letters will reveal a quote said by Steven Wright during his cameo on "The Simpsons."

Hidden Message on page 97

```
I  E  D  I  U  G  N  I  N  A  E  M  F  I  Y
N  A  L  L  Y  G  O  I  S  T  O  T  A  S  R
R  T  B  O  G  N  I  L  L  É  P  S  T  U  A
N  D  E  R  T  O  T  L  R  X  A  N  E  L  S
A  N  S  R  E  D  A  U  I  T  E  R  P  N  S
S  G  O  T  M  V  I  S  L  M  H  H  C  Y  O
D  E  P  I  O  S  C  T  E  E  A  D  N  H  L
R  I  R  L  T  I  N  R  N  B  T  O  C  T  G
O  I  U  O  L  I  U  A  E  A  N  T  N  A  W
W  M  P  A  R  S  N  T  Y  Y  I  T  E  T  E
E  U  T  R  A  U  O  I  M  E  N  R  S  R  B
S  I  O  E  O  U  R  O  F  T  S  I  A  T  S
H  E  M  N  Z  E  P  N  B  E  L  N  R  V  T
A  D  I  D  U  N  A  B  R  I  D  G  E  D  E
E  L  P  M  A  X  E  G  A  S  U  I  T  T  R
```

ALPHABET	LIST	SEARCH	VARIANT
DEFINITION	MEANING	SPELLING	VERB
EXAMPLE	MEASURE-	SYNONYM	VOLUME
GLOSSARY	MENTS	TENSE	WEBSTER
GUIDE	NOUN	TERMS	WORDS
ILLUSTRATION	PRONUNCIA-	TEXT	
ITALICS	TION	UNABRIDGED	
LETTERS	PURPOSE	USAGE	

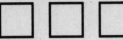

DANCE FEVER

The leftover letters will reveal Fred Astaire's simple explanation for dancing well.

Hidden Message on page 97

```
G R A C E D O I J U P F C S T
P H U T N G M U S I C O E M Y
F Y E A N N M O V E S E T E I
Y T B A N I B O S T H G I L T
J H T T H M T R U S P U O R G
I M P F L I P M O U T F I T E
T A R A N T E L L A L E E A D
T E I R R S A N D O D N P S I
E F L H R G M O O T W W R S L
R G I L E O O R N A O O A S S
B D N L A E U E L V R D G Y E
U I E I T B L T R R C E A B D
G S H K W A Z S I O L O S E I
E C M S T S A M R N H H O A L
M O O R L L A B U N E C D T G
```

BALLET	FLIP	LIGHTS	STEPS
BALLROOM	FLOOR	MIRRORS	SWING
BAND	GLIDE	MOVES	TALENT
BEAT	GRACE	MUSIC	TANGO
BROADWAY	GROUP	OUTFIT	TARANTELLA
CHOREOGRA-	HEELS	PIVOT	TIMING
PHY	HOEDOWN	RHYTHM	WALTZ
COSTUMES	JITTERBUG	ROUTINE	
CROWD	LEAD	SKILL	
DISCO	LEGS	SLIDE	
FEET	LIFT	SOLO	

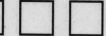

BOWLED OVER

The leftover letters will reveal the fulfilled childhood dream of pro bowler Don Johnson.

Hidden Message on page 97

```
S  R  E  T  T  U  G  I  W  P  W  A  S  A  L
I  E  T  E  T  H  N  L  O  T  H  R  O  W  E
S  K  M  M  E  I  C  C  O  B  D  I  I  N  N
Y  S  K  A  P  C  K  A  I  D  U  A  Y  S  N
N  E  E  G  R  E  U  D  O  D  C  E  N  I  T
Y  K  N  L  T  F  L  R  E  R  K  I  I  N  D
L  I  A  E  B  E  O  L  V  R  P  C  I  G  L
K  R  L  D  A  U  I  U  U  E  I  P  E  L  D
O  T  T  G  H  V  O  T  L  A  N  T  A  E  B
O  S  U  O  E  W  L  D  A  J  S  B  I  S  N
R  E  Y  R  D  D  N  A  H  I  U  G  W  A  S
B  O  Y  O  W  A  H  A  T  I  M  D  W  A  S
G  H  O  R  C  S  R  O  O  D  N  I  G  I  N
G  S  G  R  I  P  F  O  U  L  L  I  N  E  T
O  D  O  E  R  A  P  S  I  N  L  I  F  G  E
```

AIMING	DOUBLES	GUTTERS	SINGLES
APPROACH	DUCKPINS	HAND DRYER	SPARE
BALL	ERROR	INDOORS	STRIKE
BOCCIE	FOUL JUDGE	KINGPIN	THROW
BROOKLYN	FOUL LINE	LANE	TURKEY
CANDLEPINS	FRAMES	LEAGUE	WRIST
CURVE	GAME	POCKET	
DELIVERY	GRIP	SHOES	

"E" WORDS

The leftover letters will entertain you with a tongue twister that features plenty of "e" words.

Hidden Message on page 97

```
E A S E T A M I T S E D U L E
E V I T C E F F E S T A T E A
N C E N I A L E E M T E R L G
T E N H E E R L E E E R E B L
E A R E R D A B I N U R H A E
R E E A U B G R M S Q A G N T
P R S E O Q E E E E I S S E A
R E H R L E O T E M T U M E G
I E A R O E A L I B E I E L N
S T S E M D G E E L N L V L O
E T A P I C N A M E E R L I L
M R I C A T H E N V E L O P E
C R U E R L R C A C E E V S A
E L S E R S E T E R E R E E H
E E E K O V E S S E N C E R E
```

EAGLE
EASE
EDGE
EERIE
EFFECTIVE
ELABORATE
ELAINE
ELAPSE
ELEGANCE
ELEVATE

ELITE
ELLIPSE
ELONGATE
ELOQUENCE
ELSE
ELUCIDATE
ELUDE
EMANCIPATE
EMBRACE
EMCEE

EMERGE
EMINENCE
EMPIRE
ENABLE
ENDORSE
ENSEMBLE
ENSUE
ENTERPRISE
ENTREE
ENVELOPE

ERASE
ESSENCE
ESTATE
ESTIMATE
ETIQUETTE
EVOKE
EVOLVE

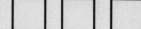
HELPFUL AT HOME

The leftover letters will reveal a slogan used by Maytag, whose household appliances were said to be always reliable, much to the disappointment of some.

Hidden Message on page 97

```
R  R  O  U  T  A  C  K  S  I  H  W  R  R
E  I  E  R  R  D  T  C  P  R  E  P  S  E  E
Y  C  A  N  E  B  A  O  E  A  N  T  H  N  N
R  E  I  S  N  L  R  T  P  O  R  S  E  I  A
F  R  K  R  E  U  S  O  O  A  A  E  A  A  E
M  E  N  N  P  A  R  P  I  W  E  A  R  R  L
F  E  G  N  O  P  S  N  H  L  R  T  S  D  C
E  I  T  T  N  R  E  S  H  E  E  L  O  N  M
L  I  L  E  A  R  I  E  C  A  N  R  U  F  U
M  I  T  T  C  D  S  M  E  L  T  T  E  K  U
L  A  D  L  E  E  I  T  A  N  S  B  O  G  C
R  G  H  A  I  R  D  R  Y  E  R  R  I  U  A
O  U  Y  S  R  O  A  A  H  V  T  U  D  I  V
P  L  G  O  N  C  F  C  H  O  S  S  A  L  G
E  P  R  S  K  N  I  S  T  S  O  H  R  W  N
```

BROILER	GLASS	RICER	STRAINER
BRUSH	HAIR DRYER	ROPE	TACK
CAN OPENER	KETTLE	RUGS	TEAPOT
CHEST	LADLE	RUNNER	TOASTER
DESK	MIRROR	SCALE	VACUUM
DISHWASHER	MITT	SHADE	CLEANER
DRAINER	OVEN	SHEARS	WHISK
FILTER	PARER	SINK	
FOIL	PLUG	SPONGE	
FRYER	RACK	SPOON	
FURNACE	RADIO	STEAM IRON	

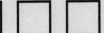
AS BAD AS THAT?

The leftover letters will croon you some lines about the subject of the song "Bad, Bad Leroy Brown" by Jim Croce.

Hidden Message on page 97

```
H Y B S U O I C I R P A C A I
S D Z D N D E L S E H R A D T
R Y E A P H U A S S S U L K Y
A W K C L F R K A Y I E L A T
H E N N E C Y R O T L L O O D
K I I L A I B N Y T R D U O L
T R O S S R T K G A U C S K O
R D T T A N C F G C H E E K Y
U I M E N A R A U Y C N Y E R
C T H Y T E S S E L I C R E M
A T Y N T A D U G C R U E L E
A J E T S T P U R R O C N R A
U N I S S K E Y P L U A R U N
R B Y T T A B P D M Y F O O G
D R U O S Y N O V A I N F D G
```

BATTY	CRUEL	LAZY	SOUR
BITTER	CURT	LOUD	SULKY
BRASH	DECEITFUL	MEAN	SURLY
CALLOUS	DOLEFUL	MERCILESS	TACKY
CAPRICIOUS	DOUR	NASTY	TESTY
CATTY	GOOFY	ORNERY	TOUCHY
CHEEKY	GRUFF	PESKY	UNPLEASANT
CHURLISH	HARSH	PETTY	VAIN
CORRUPT	IDLE	SARCASTIC	WEIRD
CRANKY	IMPUDENT	SASSY	

HEADWORK

The leftover letters will quote Sherlock Holmes in Sir Arthur Conan Doyle's "The Sign of the Four," where the detective reveals his methods of deduction.

Hidden Message on page 97

```
E E E L I M I N I L A T E A P
T L T C E T E D C D E L O N S
A R T A H S E O N M E V R O A
R E F A N C G E T E C A R S R
T H S E D I H O R D O S T A G
N T S U T E M A N I N D E E M
E A M A R C L U D T S O T R A
C G T P H E P I R A I E T E E
N E M O N O P E B T D W Z E R
O O C O N C L U D E E I D H D
C I C D M D N A T S R E D N U
H R E G D U J E T O D A M A I
N R E F N I S U M U L S T M U
S T B E T H D E C E T P R E U
T F A N C Y M E E M E H C S H
```

COGITATE	DELIBERATE	JUDGE	PONDER
COMPREHEND	DETECT	MARVEL	REASON
CONCENTRATE	DREAM	MEDITATE	RUMINATE
CONCLUDE	FANCY	MEMORIZE	SCHEME
CONSIDER	GATHER	MUSE	SENSE
CRAM	GRASP	NOTE	STUDY
DEDUCE	IDEATE	PERUSE	UNDERSTAND
DEEM	INFER	PLOT	

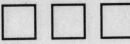
AUTHORS, ALL

The leftover letters will unveil an anonymous quote about authors.

Hidden Message on page 97

```
T  H  G  I  R  W  T  C  H  E  S  B  E  S  M
K  U  O  W  S  K  R  A  P  S  E  T  W  U  G
M  A  G  A  S  I  M  O  V  R  H  I  L  R  O
I  T  T  E  C  E  S  R  S  M  G  D  I  A  L
C  W  K  H  N  N  K  B  E  D  U  S  R  E  D
H  O  T  T  I  N  S  O  R  L  H  E  E  K  M
E  O  H  B  W  E  O  A  O  A  G  F  N  I  A
N  D  B  O  E  E  W  V  M  N  D  E  K  D  N
E  O  R  E  T  R  O  P  I  O  T  B  L  P  S
R  B  S  O  N  H  W  L  T  D  H  Z  U  U  W
O  S  P  I  L  L  A  N  E  C  A  T  A  R  R
D  A  V  U  R  S  H  L  S  A  G  L  F  I  Y
C  E  O  T  Z  R  S  H  E  M  E  L  O  C  N
L  H  T  O  R  O  O  G  E  Y  S  T  W  E  A
E  L  L  I  V  L  E  M  A  L  A  M  U  D  Y
```

ASIMOV	HALEY	MORRISON	SPILLANE
ATWOOD	HUGHES	PORTER	THOMAS
BRADBURY	KOONTZ	PUZO	UPDIKE
BROWN	LEVIN	RICE	VIDAL
CAPOTE	LUDLUM	ROBBINS	VONNEGUT
CRICHTON	MACDONALD	ROTH	WOUK
FAULKNER	MALAMUD	SALINGER	WRIGHT
GOLDMAN	MELVILLE	SHAW	
GRISHAM	MICHENER	SPARKS	

ONLY ONIONS

The leftover letters will help you with a neat tip on avoiding tears when slicing onions.

Hidden Message on page 97

```
D C N W O R B U N C H I N G H
E I B E R M U D A L F O L P L
E B O L G D E R E T I A L H E
S O N S I S A E O L G A E O Y
L I N H F M P O L D N C R L A
A A L A E L F A E T O H P A W
I M L L I I C A N N R I V M U
N T I L Y S E B I I T V A O S
N Z Y O I R L O I L S E P R G
E E R T H U A A U T O H O A N
I D E S B A M M A D S G R C U
B L P R G T D L A A T D N H E
R I A O G N K I X Y E L L O W
O M P T E S I E N N K E E L M
D L S R A E T R O O T S A S T
```

ALLIUM	GARDEN	OILS	SPANISH
AMARYLLIS	GREEN	PAPERY	STALKS
AROMA	IDAHO	PEEL	STRONG
BERMUDA	LEAF	PLANT	TEARS
BIENNIAL	LEEK	RED GLOBE	TEXAS
BROWN	LILY	RINGS	VAPOR
BULB	MILD	ROOTS	YELLOW
BUNCHING	MONGOLIA	SCALLION	
CARAMELIZE	MULTIPLY	SEED	
CHIVE	ODOR	SHALLOTS	

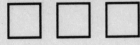
CAMPING TRIP

The leftover letters will reveal a Dave Barry quote.

Hidden Message on page 97

```
T N E M Y O J N E C A F M P I
N G W I L D L I F E O I S F H
N A R E D N I T Q O S T N I U
S E O N A C W U D R N O K R N
F L A S H L I G H T I E T E G
N E E S W P L N H T A A E W N
E I Y E M O D F A U T T N O I
R P S E P S E E R T N O T O H
I U N A K I R S M A U T S D S
F T G R B C N O C O O R I H I
P T A G E H E G O O M I E N F
M P N R E G S T B D U L H K G
A E M O T D S A E A T T L C B
C O M P A S S U W E G U S A S
I N E S P R A I R I E S O P S
```

CAMPFIRE	FLASHLIGHT	PARKS	TINDER
CANOES	FOOD	PRAIRIES	WASH BASIN
CANTEEN	HIKE	RECREATION	WILDERNESS
COMPASS	HUNTING	RUGGED	WILDLIFE
ENJOYMENT	MOUNTAINS	SCOUTS	
EQUIPMENT	NATURE	SHELTER	
FIREWOOD	OUTDOORS	SLEEPING BAGS	
FISHING	PACK	TENTS	

CAR LINGO

The leftover letters will sing you a couple of lines from Gary Numan's "Cars."

Hidden Message on page 97

```
T O R S I O N B A R N I A H C
H E D O T E K S A G G R E I N
F A M H T T F R S E R I W P B
P I O D U E E I K Y I C M L A
R R N B I L R C L I L A O D F
N I I S D A I U E T L W O I D
E N P I A T L P B C E R L U A
G G G S S K I S O R E R S L E
A S N P H E C N M I A F T F R
E R I T B E S O T E N C A N T
S D K J O C T U L E P T E U G
O S A I A O H T F B R I S T L
H C D B R O G E L D N I P S A
K A L F D M I R T S T S O P S
R E A L V A L V E L D O O R S
```

BLOCK	FILTER	JACK	SPINDLE
BLOWER	FINS	KINGPIN	TIE ROD
MOTOR	FLUID	LIGHTS	TIRE
CABLE	FUSES	NUTS	TORSION BAR
CARBURETOR	GASKET	PADS	TREAD
CHAIN	GLASS	PIPE	TRIM
CLAMP	GRILLE	POINTS	TUBING
DASHBOARD	HORN	POSTS	VALVE
DIALS	HOSE	RADIO	WIRES
DIPSTICK	IDLER	RINGS	
DOORS	INTERIOR	SEATS	

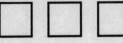

HIDDEN MESSAGE WORD-FIND 52

WAITING AREA

The leftover letters will impart the wisdom of a Russian saying.

Hidden Message on page 97

```
W P A N O I T A T S I T N E D
R E L L A H S E N I Z A G A M
E E I T I E I H S N C T E O A
K S K V D M N O O T I E O S N
O R S N R N O T N S N R G A A
R E L O A E I A I S P E N A G
B M F W B B T V T R A I I Y E
P O C S P N P N I H E R T L R
H T L H U I E N I P P P E A C
A S B O A I C U C O F F E E L
R U C T T I E T R H S I M A M
M C P A P A R T U S T I W G I
A E P A N D E S K R C Y G E E
C N L N E W S P A P E R E N V
Y E R D D O C T O R O S E T S
```

ACCOUNTANT CUSTOMERS MAGAZINES ROOM
AGENT DENTIST MANAGER SHOP
AIRPORT DESK MEETING SIGN
BANKER DOCTOR NEWSPAPER STATION
BOSS FORM PATIENTS VISIT
BROKER HALL PHARMACY
CHAIRS HOSPITAL PICTURES
CLIENTS INTERVIEW PRINCIPAL
COFFEE LAWYER RECEPTIONIST

JAVA TIME

The leftover letters will humor you with the clueless words of Hilary Banks, a character on "The Fresh Prince of Bel-Air."

Hidden Message on page 97

```
D I C V L L I F E R E A L D W
A E R A T Y S R O V A L F N W
O N C E R S D T R A L U G E R
E E R A T A A E D S S S G L I
N D S C F L F F B E O U C B C
O I F P O K I E K D M G O L F
E N E C R A V F E A R A L A I
T N R S W E E T E N E R O C S
W E R B R W S R M E H R M K A
P R M A D A C S E F T A B R T
O M G R O B T D O E K S I I A
N E S R U R E N I E F F A C D
O E S T O O H I R A T L N T M
D R I N K A G R K E U I T A V
E G G E T A B G W A T E R L E
```

AU LAIT	COLOMBIAN	GOURMET	STRONG
BEVERAGE	CREAM	GRINDS	SUGAR
BLACK	DECAF	MAKER	SWEETENER
BLEND	DINNER	MUG	TASTE
BREAKFAST	DRINK	PERCOLATOR	THERMOS
BREW	ESPRESSO	REFILL	WATER
CAFFEINE	FILTER	REGULAR	WEAK
CARAFE	FLAVOR	ROASTED	

HOT WEATHER FUN

The leftover letters will get your toes tappin' to the song "It's a Sunshine Day," written by Stephen McCarthy.

Hidden Message on page 97

```
I  T  E  S  I  U  R  C  S  L  H  I  P  N  K
I  C  V  F  L  O  G  A  E  N  B  F  A  I  R
G  N  I  W  S  L  I  V  O  B  L  I  R  L  G
O  B  R  N  F  L  A  T  H  I  E  R  K  O  R
A  O  D  W  C  R  N  B  S  A  T  A  L  E  K
V  A  C  A  T  I  O  N  E  E  I  A  C  O  U
L  T  T  S  M  I  P  D  S  S  K  Z  P  H  Y
E  E  C  D  N  W  B  L  R  O  A  A  W  A  C
K  C  A  P  K  C  A  B  O  T  Y  B  L  O  D
R  B  M  H  Y  V  R  T  H  E  L  P  O  I  G
O  S  P  A  I  U  B  O  E  M  F  K  V  A  M
N  E  C  T  R  S  E  W  Q  R  O  E  R  U  N
S  H  S  I  F  S  C  A  C  U  S  D  A  L  L
T  E  N  N  I  S  U  D  T  I  E  K  N  M  Y
F  F  R  I  S  B  E  E  N  N  A  T  I  M  E
```

BACKPACK	CROQUET	GOLF	TENNIS
BADMINTON	CRUISE	HORSESHOES	TRAVEL
BARBECUE	DIVE	LAKE	VACATION
BASEBALL	DRIVE	PARK	WADE
BAZAAR	FAIR	PATIO	WATER-SKI
BEACH	FESTIVAL	PICNIC	YACHT
BIKE	FISH	PLAY	
BOAT	FLY A KITE	SAIL	
CAMP	FRISBEE	SNORKEL	
COOKOUT	GARDEN	SWING	

NUMBERS GAME

The leftover letters will reveal a quote from the TV series "Numb3rs," said by mathematician Charlie Eppes when told an equation he figured out was unsolvable.

Hidden Message on page 97

```
W  I  N  T  E  R  E  S  T  A  B  L  E  S  E
A  W  E  I  G  H  T  E  G  D  U  B  G  U  L
S  U  M  S  L  C  E  Y  H  N  R  N  T  L  D
A  I  D  N  L  Y  P  E  R  R  I  E  O  U  E
P  S  C  I  T  S  I  T  A  T  S  N  L  C  C
E  K  B  W  T  G  H  D  N  E  E  O  R  L  A
H  C  A  A  H  S  N  U  S  M  V  M  P  A  D
E  E  L  T  F  E  O  T  S  P  A  L  O  C  E
I  H  A  O  L  C  I  E  E  E  U  L  E  E  D
T  C  N  A  C  M  T  C  G  R  M  L  O  S  G
O  L  C  A  A  K  I  V  A  A  A  U  E  I  L
T  M  E  T  I  R  D  L  W  T  E  F  L  I  G
H  T  E  T  P  H  D  I  O  U  N  L  S  O  K
A  L  G  E  B  R  A  T  T  R  H  T  I  A  V
T  N  E  M  E  R  U  S  A  E  M  I  T  M  T
```

ACCOUNTING	CHECKS	INTEREST	TABLES
ADDITION	CLOCK	LIST	TEMPERATURE
ALGEBRA	DECADE	MEASUREMENT	TIME
AUDITS	EARNINGS	MILEAGE	TOTAL
BALANCE	ESTIMATE	PLURAL	VOLUME
BUDGET	FARE	PRICE	WAGES
CALCULUS	GEOMETRY	STATISTICS	WEIGHT
CALENDAR	HEIGHT	SUMS	

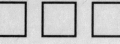
IT'S A TRICK!

The leftover letters will spell out the words of Shakepeare's Puck, a trickster character from "A Midsummer Night's Dream."

Hidden Message on page 97

```
E  G  U  F  R  E  T  B  U  S  T  N  I  E  F
K  L  O  R  N  O  I  T  C  I  F  S  L  F  D
E  L  G  G  O  W  S  N  R  O  H  D  E  F  F
K  M  I  W  C  H  K  A  C  I  N  V  D  U  L
N  T  E  B  S  H  C  H  L  I  I  G  U  L  E
I  B  F  H  B  O  I  L  W  E  I  R  A  B  E
W  O  A  U  C  C  R  S  C  A  M  I  R  M  C
D  M  N  M  A  S  B  E  E  G  P  F  F  L  E
O  K  H  N  B  H  D  N  R  L  O  T  S  T  L
O  E  E  O  U  O  L  I  E  E  S  U  L  H  G
H  R  D  M  A  F  O  E  M  Z  T  O  G  S  A
Y  R  B  U  F  X  G  Z  E  A  O  S  M  E  N
O  U  M  A  L  F  M  I  L  F  R  C  Y  R  I
G  S  G  C  H  E  A  T  T  E  A  Y  L  H  F
S  E  F  A  C  A  D  E  K  A  F  B  P  E  S
```

BAMBOOZLE	DELUDE	GAFF	SCHEME
BILK	FACADE	GOLDBRICK	RUSE
BLUFF	FAKE	GOUGE	SCAM
BUNKO	FEINT	GRIFT	SHAM
CHEAT	FICTION	HOAX	SHILL
CHICANERY	FINAGLE	HOODWINK	SHYSTER
CHISEL	FLEECE	HORNSWOGGLE	SUBTERFUGE
CON GAME	FLIMFLAM	HUMBUG	SWINDLE
COZEN	FOOL	IMPOSTOR	
DECEIVE	FRAUD	PYRAMID	

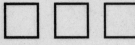

PRETTY OILY

The leftover letters will present you with a Biblical quote from Exodus 29:7.

Hidden Message on page 97

```
T L H E C N Y O M T U F I S H
S H A E R E B B U L B A N U L
S L D U T M I N E R A L O T A
K A A E R T A H E A Y B M P N
R O F N V E G E T A B L E Y I
N T G F I I L T S U E T L L N
D G R O L S I O L A R N D A P
O R E U R O E S I O R T E C B
O N A N O N W O L H Y H I U A
S H S L I A E E A A T D T E H
A E E Z L L U R R N N T C H T
N I N N D M O C I A E O O C H
N E U I E N E S O R E K L T P
B T N O P I B M A I Z E Z I A
N W O L L A T T H G I M A P N
```

ABSINTHE	CREOSOTE	LEMON	SUET
ANISE	EUCALYPTUS	MAIZE	TALLOW
BALM	FISH	MINERAL	TUNA
BAYBERRY	GASOLINE	NAPHTHA	VEGETABLE
BENZINE	GREASE	OLEIN	WALNUT
BLUBBER	KEROSENE	PETROLEUM	
BUTTER	LANOLIN	PINE	
CEDAR	LARD	PITCH	
COLZA	LAUREL	SAFFLOWER	

NONCONFORMISTS

The leftover letters will impart the words of philosopher John Stuart Mill.

Hidden Message on page 97

```
T H A T I C O N O C L A S T S
O F T S I L A U D I V I D N I
S D D O T A E L W N L I A E O
E I P P I H W E D O F I A D R
E T R O B E B B N F R E C N R
A P O S T A T E E A E C Y E E
D E T N L R R R T T E R K P N
R I E K I C E C M L W N R E E
A O S R K N E T A A I S I D G
H T T S T S H C N H L E U N A
W E E C I M I C T E L O Q I D
E H R V E D R E C U S A N T E
K I E M A J E I C L A S H E F
S D A R I R B N F N G E I R O
A F T H F T Y O T E T I M D E
```

ALONE	DISSENTER	ICONOCLAST	RADICAL
APOSTATE	DISSIDENT	INDEPENDENT	REBEL
ASKEW	FIRM	INDIVIDUALIST	RECUSANT
AT ODDS	FREETHINKER	LONER	RENEGADE
BALK	FREE WILL	OBJECTOR	SECTARIAN
CLASH	HERMIT	PROTESTER	VARY
DIFFERENT	HIPPIE	QUIRKY	

WE GOTCHA COVERED

The leftover letters will make you laugh with a Rodney Dangerfield quote.

Hidden Message on page 97

```
F H S I N R A V I W M D A S S
Y U U C F C H A E A N U N G L
P Y R O A H K I S I D D W I P
O H O N C R T K E H L O N A R
N R I T I E F E U E I W I G G
A E A P N T L A M Y E N D I L
C H E N G L U O B L T T G M O
T H U R E E D R R S E A R L V
N D D L C H B A E O X H O I E
S T O L L S I H L P E S M F C
A E O O T N N I L U A P R A T
T A L U H U S K A R K D A E P
K T C A T E P R A C A R W A X
C C T O C V E P E E P E T R I
O N G M E S H E E T A L P U P
```

ARMOR	GLOVE	RIND	TEPEE
CANOPY	HELMET	ROOF	THATCH
CARPET	HOOD	SCALES	UMBRELLA
CAR WAX	HULL	SCARF	VARNISH
CLOAK	HUSK	SCREEN	VEIL
DOME	MASK	SHEET	WIG
DOWN	PAINT	SHELTER	
FACING	PARASOL	SHINGLE	
FILM	PLATE	STUCCO	
FURNITURE PAD	RAIN HAT	TARPAULIN	

HIDDEN MESSAGE WORD-FIND 60

USUALLY IN PAIRS

The leftover letters will reveal some lyrics sung in the musical "Gypsy."

Hidden Message on page 97

```
W S H L S E S S A L G E S R E
N V E E S S Y S E T W I N S E
O G R V Y T N E K V W E R S G
S P I L O E O O S E E W O T H
T O A T A L B O E A E E H A V
R E C K E K G R B R S H L P R
I W E K E N S R O S S I C S D
L R O F S A W E R W R E K G O
S K N I L F F U C I S A S S C
H N S N G S P A H C T L R L T
O E G O R S E G O E E E O A T
R E N E H R H O S E L G R D O
T S I U S B M U H T S M G N H
S L W S E L O S N S S I T A T
P O G E T H E A S T I L T S R
```

ANKLETS	EYES	NOSTRILS	SOCKS
ANTLERS	FEET	PLIERS	SOLES
ARMS	GLASSES	SANDALS	SPATS
BOOTS	GLOVES	SCISSORS	SPURS
CHAPS	HEELS	SHOES	STILTS
CHEEKS	HORNS	SHORTS	THUMBS
CLOGS	HOSE	SKATES	TWINS
CUFFLINKS	KNEES	SKIS	WINGS
EARS	LEGS	SLEEVES	
EYEBROWS	LIPS	SNEAKERS	

HOTEL GUEST

The leftover letters will impart the words of Samuel Johnson.

Hidden Message on page 97

```
T H S T R E W O H S T E R E I
S N O L E T H O W I E D N G B
Y W H I E N N T E C L R H S H
R O O M S E R V I C E A S E T
O E A O Y O P E V M V C U C A
H I F M P H E A T R I Y H A B
D A O R S E X P E N S E P P H
N O I E I H I G N A I K E C S
N A I S G G A T I E O C U S S
P W M T R N E M O L N O D U A
C A E R A S U R P C C U D A R
S T B M O P F O A O Y N A G E
B E L L H O P O L T O T O D M
T R C A O I D A R V O E E R A
N O R D I T P I E C E R N N C
```

AIRPORT	DOORMAN	LOUNGE	SHAMPOO
BATH	EASE	MAID	SHOWER
BELLHOP	EXPENSE	MANAGER	SLEEP
CAMERAS	FOOD	PATIO	SOFA
CLEAN	HEAT	RADIO	TELEVISION
CLOSET	HONEYMOON	RECEIPT	VIEW
COUCH	INTERNET	REFRIGERATOR	WATER
COUNTER	KEY CARD	ROOM SERVICE	

SQUARE-CORNERED

The leftover letters will reveal a quote from "SpongeBob SquarePants" said by Plankton when describing the eponymous star.

Hidden Message on page 97

```
E J U L L C E S T L O K S E D
S O K E U A E B A P A P E R T
A Q W H S M M C U P B O A R D
B O U T I P B A I C M W M R S
T I A I X C M E E D E U A L Q
I M L U L O T A R R B C L B T
P R E L L T B R F L G A I O R
L T O P F O L L A N W H Y N U
U E I T O O A E I Y S C R D N
P D E K O G L Y V C H S T H K
A H C T U H A D S E N T S D E
N A I P E L P H S O L E E N G
E F T A P R E T T U B P P I A
E M O O R D G A T E U Q A L P
V U N E M I W O D N I W T B L
```

ALBUM	DIPLOMA	PANE	STAMP
BASE	DRAWER	PAPER	STEP
BILLFOLD	FLAG	PENCIL BOX	TAPESTRY
BLIND	GATE	PHOTO	TOWEL
BOND	HUTCH	PLAQUE	TOY CHEST
BOOK	ICE CUBE	PLAYING CARD	TRAY
BUTTER PAT	LEVEL	PULPIT	TRUNK
CAMP COT	LUMBER	QUILT	WALL
CUPBOARD	MENU	REAM	WINDOW
DESK	NOTICE	ROOM	
DICE	PAGE	SHED	

ABOUT TIME

The leftover letters will croon for you lines from Cyndi Lauper's popular song "Time After Time."

Hidden Message on page 97

```
N S U M M E R S I L H Y I S N
O W R Y S T C M P O T S A F A
I E A A N H M I U E G R I N P
T M H D H E A R T B E A T P S
A P U D D N L M Y S E D B E E
R L D I I Y I H C L L E C R E
E I A M N W N A U E G O R I D
N T T H O N T D E M N C S O A
E N I L D A E D L D I T O D C
G U S C L H R L S E N N U S E
E K T W C I L N L C R K U R D
O A A S T N U D O I O U T T Y
N Y S S E L D N E O M H T I E
S N A K T N E M O M N O F U Y
O P U S O O N C E R O F E B F
```

ALWAYS	FUTURE	MORNING	SOON
BEFORE	GENERATION	NOON	SPAN
CENTURY	HEARTBEAT	ONCE	SPEED
DAWN	HOURLY	PAST	SUMMER
DEADLINE	IMMEDIATE	PERIODS	TERM
DECADE	INTERLUDE	PHASE	THEN
ENDLESS	MIDDAY	SCHEDULE	UNTIL
EONS	MILLENNIUM	SECONDS	
ERAS	MINUTE	SLOW	
FAST	MOMENT	SOLSTICE	

PIECE OF CAKE

The leftover letters will reveal a Richard G. Scott saying.

Hidden Message on page 97

```
F  S  K  I  L  L  E  D  R  E  E  D  O  M  R
E  Q  U  P  I  V  P  R  A  C  T  I  C  A  L
Y  S  A  E  I  F  F  A  C  I  L  E  C  R  E
S  N  N  D  L  O  E  W  F  F  O  O  R  E  P
S  R  E  U  T  T  T  R  O  E  M  B  E  L  R
T  N  E  I  C  I  F  O  R  P  N  V  A  E  E
T  N  J  Q  O  Y  O  F  E  B  U  I  C  M  V
T  E  T  R  U  E  E  T  Q  U  N  O  H  E  E
N  H  L  I  R  A  E  H  G  S  E  U  A  N  L
G  O  G  T  S  N  L  G  A  N  S  S  B  T  C
I  H  S  I  T  C  C  I  N  C  I  P  L  A  E
F  R  B  W  L  I  L  A  F  O  I  H  E  R  I
T  L  C  E  E  I  L  R  E  I  F  N  T  Y  F
E  O  A  R  N  A  T  T  S  T  E  O  C  O  P
D  R  R  G  E  S  T  S  E  R  V  D  E  H  N
```

CINCH	FACILE	NOTHING TO IT	REACHABLE
CLEAR	FEASIBLE	OBVIOUS	SKILLED
CLEVER	FLUENT	PICNIC	SNAP
COMPETENT	GIFTED	PLAIN SAILING	STRAIGHT-
EASY	LIGHT	PRACTICAL	FORWARD
ELEMENTARY	LITTLE	PROFICIENT	
EVIDENT	NO SWEAT	QUALIFIED	

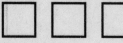
REALITY CHECK

The leftover letters will impart the philosophy of Mark Twain.

Hidden Message on page 97

```
T D N U O S R B U T D H I D S
E R E C N I S O T C H I E E M
O D S X T V P N A R L U L T A
R B E L I R E A L E E B L A F
A A T P E F P F V D A H A I V
L I C C E R T I F I E D R T O
U E I C O N T D L B N M E N G
G S P P U I D E W L E X T A H
E E E S S R R A T E A H I T A
R R N O O V A S B C E T L S E
I A P U L G E T T L E E S B T
G U E T I N I F E D E R T U U
H Q S E O N E V O R P C R S J
T S O H N C E R T A I N U O O
M I Z E I L A U T C A F E T C
```

ACCURATE	FACTUAL	POSITIVE	SOUND
BONA FIDE	FIRM	PRECISE	SQUARE
CERTAIN	FIXED	PROPER	SUBSTAN-
CERTIFIED	GENUINE	PROVEN	TIATED
CORRECT	GOSPEL	REAL	TRUE
CREDIBLE	HONEST	REGULAR	VALID
DEFINITE	JUST	RELIABLE	
DEPENDABLE	LITERAL	RIGHT	
EXACT	ON THE LEVEL	SINCERE	

A SEWING SAMPLER

The leftover letters will reveal an American proverb.

Hidden Message on page 97

```
D Y T H P A R G R E Y C A N S
S E A A S U T N W O R B E M D
Q R E R P S R O L O C E A A E
U C O R N E R P S I R R N T R
A K A S N T D S L G K I T F U
R W N N S C E P E M R R E G
E H U I T I H A R A S E O L S
S R T I P T C T L L L I N W S
H H K O F R T S A P G R Y T E
A I A A O A I N M R I E E M R
P E R W S L T A I A V L L V D
E C G O L D S D R I B U L E O
S N E N I L P E G N A R O O N
D N I W T H I M B L E C W I W
N E E G N A R R A E R E Z I S
```

ANIMALS	GRAPH	PURPLE	SIZE
ARTIST	GREEN	REARRANGE	SLANT
BIRDS	GREY	REDS	SQUARES
BROWN	GRID	RIPSTITCH	TAPED
COLORS	KITS	RUGS	THIMBLE
CORNER	LEFT	RULER	TOOLS
CRAFT	LINEN	RUNNER	WARP
CROSS	MARKER	SAMPLER	WIND
DEER	ORANGE	SCISSORS	WORK
DRESS	OVERLAP	SEATS	YARN
ECRU	PILLOW	SHAPE	YELLOW
GOLD	PINK	SHAWL	

U-TWO

The leftover letters will spell out the title of a U2 song.

Hidden Message on page 97

```
I  R  S  Y  L  L  A  U  S  U  T  I  L  A  L
T  E  U  H  L  A  M  U  R  C  L  U  F  L  L
U  U  M  A  U  U  U  N  Q  U  O  R  U  M
P  Q  A  E  R  D  L  Q  R  P  V  E  A  G  C
T  I  N  D  U  U  V  T  E  U  L  U  T  U  U
U  N  M  S  T  Q  M  E  I  N  G  U  U  R  L
O  U  U  U  A  U  F  O  N  M  U  N  G  A  T
H  U  E  L  N  L  U  F  E  T  A  R  G  N  U
N  N  S  F  N  S  Y  D  S  N  U  T  T  W  R
H  A  U  U  U  R  M  U  I  T  E  R  U  T  E
I  R  M  R  U  U  G  M  U  M  U  U  O  M  L
L  O  P  X  T  U  O  T  O  K  I  M  G  U  N
G  E  U  U  A  U  N  C  O  U  T  H  U  U  S
R  L  A  F  S  B  R  U  B  U  S  O  D  L  F
R  L  U  F  E  S  U  E  E  U  S  R  U  P  T
```

ADVENTUROUS	LUAU	QUORUM	UNFURL
ARUGULA	LUXURY	SUBURB	UNGRATEFUL
AUGUST	MURMUR	SULFUR	UNIQUE
CULTURE	MUSEUM	TUMULT	UNNATURAL
DUGOUT	MUTUAL	TUTU	UNPLUG
FUGUE	NURTURE	ULTIMATUM	USEFUL
FULCRUM	OUTPUT	UNANIMOUS	USUALLY
GURU	PURSUE	UNCOUTH	USURPER
HUMDRUM	QUEUE	UNEQUAL	

MADE OF METAL

The leftover letters will spell out a line from a "Futurama" episode, where Bender chides his human friend, Fry, for dating a robot.

Hidden Message on page 97

```
K  C  I  T  S  E  L  D  N  A  C  S  N  T  A
T  J  E  W  E  L  R  Y  E  Y  N  A  I  L  S
E  A  W  A  Y  K  F  L  R  S  C  R  E  W  S
L  P  L  I  O  C  G  D  L  A  O  M  L  O  E
E  I  U  R  W  U  E  O  D  B  O  S  D  M  P
C  T  P  E  B  B  O  O  O  N  Y  N  N  O  I
A  C  U  A  S  T  S  O  K  S  V  E  A  E  P
R  H  S  S  P  L  K  R  N  G  B  K  H  O  T
B  E  A  G  E  E  G  N  I  H  R  O  O  D  M
E  R  T  R  N  B  R  S  F  V  B  T  N  E  A
B  L  I  D  N  I  F  C  E  L  E  O  U  K  E
S  N  S  V  Y  E  T  R  L  M  U  T  W  B  L
G  A  S  E  L  P  A  T  S  I  A  T  S  L  O
Y  M  F  E  E  R  I  W  I  T  P  R  E  T  A
L  F  E  E  M  I  H  C  S  F  V  B  F  E  R
```

BELL	COIL	NAILS	SODA CAN
BELT BUCKLE	DOOR HINGE	PAPER CLIP	STAPLES
BOOKENDS	FITTINGS	PENNY	STATUE
BOWL	FLUTE	PIPES	TOKENS
BRACELET	FRAMES	PITCHER	TOOLS
BRASS BED	HANDLE	RING	WIRE
BUGLE	JEWELRY	RIVETS	
CANDLESTICK	KNIFE	SAFE	
CHIME	KNOBS	SCREWS	

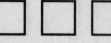

MILITARY TALK

The leftover letters will spell out a quote from "Full Metal Jacket."

Hidden Message on page 97

```
T F R A G N D B S P U H S U P
N O M N I E A I C O L O N E L
A T O K F R N V V W O I N U N
E T N E R I F E Y I F L T H E
G A N A D O A O R O S Y Y O U
R S C D N I W Y R A T I L I M
E K F E P E W M H C L E O G E
S N O I L A T T A B E L R N E
L V R E A E R U Y E L A I I S
L O M D T U A R E A T R E N E
I V A A O E R L H I A O Y I M
R A T G O R T S A M L P I A N
D E I I N T S R B I S R Y R O
U R O R A E M U B R O O T T H
E R N B M Y S B O O T C A M P
```

AIR FORCE	COLONEL	GENERAL	RANK
ARMY	CORPORAL	LIEUTENANT	SUBMARINE
BARRACKS	DEFENSE	MESS HALL	TEAMWORK
BATTALION	DIVISIONS	MILITARY	TRAINING
BATTLE	DRILL	NAVY	UNIFORM
BOOT CAMP	SERGEANT	PLATOON	
BRIGADE	FORMATION	PUSH-UPS	

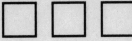
FAMOUS SAILORS

The leftover letters will spell out a frequent saying by cartoon sailor Popeye.

Hidden Message on page 97

```
I  N  P  E  R  R  Y  M  M  N  S  T  Y  L  D
R  O  O  N  N  Z  G  T  E  O  N  O  E  H  O
D  L  T  S  T  H  S  M  E  E  R  A  S  A  O
D  A  F  I  A  E  O  U  S  I  M  G  L  O  L
U  F  M  G  N  J  A  R  B  H  K  I  A  N  B
B  I  S  N  H  R  A  C  S  M  J  O  H  N  N
N  T  W  P  S  L  E  I  H  I  U  H  O  A  I
D  T  E  U  F  I  A  W  M  T  A  L  N  H  A
R  E  V  L  I  S  N  H  O  J  G  N  O  L  T
A  B  O  V  G  I  A  B  A  L  E  A  A  C  P
K  W  Y  E  T  W  A  S  A  B  B  D  M  D  A
E  E  E  R  K  C  O  O  K  D  I  N  S  P  C
I  U  K  I  D  D  D  E  C  A  T  U  R  N  A
Q  C  N  E  L  S  O  N  Z  B  A  L  B  O  A
H  S  E  N  O  J  L  H  A  D  R  E  Y  E  H
```

AHAB	DECATUR	JASON	NIMITZ
BALBOA	DIAZ	JIM HAWKINS	NOAH
BUDD	DRAKE	JONES	PERRY
BYRD	ENSIGN PULVER	KIDD	QUEEG
CABOT	HALSEY	LAFITTE	SINBAD
CAPTAIN	HANNO	LONG JOHN	TEACH
BLOOD	HEYERDAHL	SILVER	WOLF LARSEN
COLUMBUS	HOOK	MORGAN	
COOK	HORNBLOWER	NELSON	
DANA	ISHMAEL	NEMO	

TO TAHITI

The leftover letters will unveil a Tahitian proverb.

Hidden Message on page 97

```
G N I V I D S M L A P S Y C I
F N O N I Y K C O O N T I S P
U P I A I M O O L O U F U E S
Y O E V U R R Y O A I G A T E
G B S A A P N G E C A K R I G
A U A L R E A B A R S E E U N
R P N N S L W P C H A E A R A
D R A I A A S A T M C G M F R
E T A P V N N W S S O N S A O
N N F I E E A S H B B I E D J
S F L O W E R S O O T M H R T
C O C O N U T S H U A M C U F
S F E E R W I E I N P I A M L
L E S L L A F R E T A W E S S
C A S C I P O R T Y Y S B P E
```

BANANAS
BEACHES
BEAUTY
COCONUTS
CORAL
DIVING
DRUMS
FLOWERS

FRENCH
FRUIT
GARDENS
"HMS BOUNTY"
JAMES COOK
LAGOONS
NONI
ORANGES

PACIFIC
PALMS
PAPEETE
PEAKS
PEARLS
POLYNESIANS
REEFS
STREAMS

SUGARCANE
SWIMMING
TAPA
TROPICS
UNIVERSITY
WATERFALLS
WEAVING

REFRIGERATOR ROUNDUP

The leftover letter will humor you with a quote by Robbie Williams.

Hidden Message on page 97

```
W  L  S  S  W  I  T  C  H  B  S  L  I  O  C
T  A  E  H  T  C  I  S  U  D  M  E  A  B  O
R  T  T  N  R  A  U  T  O  E  I  M  G  N  T
E  C  T  E  R  A  T  B  E  R  R  A  U  F  T
A  H  I  I  R  E  C  S  E  M  F  N  L  N  E
R  F  N  W  R  P  N  K  O  S  O  E  P  H  E
N  R  G  D  A  I  A  I  S  M  H  R  D  O  P
E  O  I  I  N  M  T  N  L  S  R  H  H  F  E
F  S  N  R  E  G  G  H  O  L  D  E  R  C  L
H  T  I  C  O  N  T  R  O  L  S  E  H  I  D
G  F  I  E  A  E  I  F  U  S  E  S  G  T  N
D  R  T  H  K  E  M  L  I  Z  G  H  H  S  T
C  E  O  S  M  E  E  S  E  O  T  N  I  A  B
U  E  A  R  S  T  R  R  I  N  T  O  S  L  O
N  G  S  E  Z  I  S  N  O  T  T  U  B  P  G
```

BUTTER DISH	EGG HOLDER	LATCH	SHELF
BUTTONS	ENAMEL	LIGHT	SIZES
CHROME	FREEZER	LINER	SWITCH
COILS	FROST-FREE	PAINT	THERMOSTAT
CONTROLS	FUSES	PLASTIC	TIMER
CUBES	GASKET	PLUG	WATER PAN
DEFROST	HEAT	RACKS	
DIAL	ICE MAKER	SETTING	

FORTUNE HUNT

The leftover letters will spell out a line from "Indiana Jones and the Last Crusade."

Hidden Message on page 97

```
E A R C H H A N E W E A L T H
K M O D E L W X O N K T R O F
A O I N I O C D S M G E M G Y
T F E A R A A G O E A I S T H
S I R C L R M N O S H E M S E
A R U R O C E O U L C C U H A
N S T D O Y L R N P D F I Z O
O T L A M G E A O D E R N R Z
O E U T F V N T T F A A A T C
L D C T L O R I M I N E R A L
B I T I F O R P T O P A U L I
U T S C V T N T B N U A O O A
O I L E V A R T U Q I T C D R
D O T R E U Q I T N A A U E G
E N O T S S U O I C E R P T H
```

ANTIQUE	EL DORADO	MONEY	SILVER
ATTIC	FIRST EDITION	OIL	STAKE
BONANZA	FORT KNOX	ORE	TRAVEL
CAPITAL	FORTUNE	PAINTING	TREASURE
CLAIM	GEM	PEARL	TROVE
COIN	GOLD	PRECIOUS	URANIUM
CROWN	GRAIL	STONE	WEALTH
CULTURE	HEIRLOOM	PROFIT	
DIAMOND	LODE	QUARTZ	
DOUBLOON	MINERAL	RICHES	

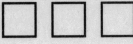
PET STORE SHOPPING

The leftover letters will make you giggle with a Billy Connolly joke.

Hidden Message on page 97

```
T  T  M  Y  P  S  P  A  R  R  P  U  P  P  Y
S  E  A  N  T  T  S  L  I  A  N  S  S  S  E
O  U  S  N  E  A  G  G  A  D  L  A  E  X  K
P  A  R  A  K  E  E  T  O  N  N  L  E  T  N
G  O  T  A  R  R  K  S  E  D  T  R  O  M  O
N  U  E  B  E  T  T  W  N  R  C  S  O  C  M
I  T  I  G  T  T  H  A  U  I  E  P  E  Y  H
H  L  A  N  I  O  G  T  S  B  M  H  N  T  S
C  C  D  B  E  U  R  E  E  P  A  A  R  H  U
T  T  B  M  P  A  W  R  E  N  H  M  T  S  R
A  A  G  P  T  H  P  D  A  A  N  S  D  I  B
R  D  I  N  E  T  T  I  K  P  T  T  E  F  V
C  E  L  E  I  L  M  S  G  A  T  E  M  A  N
S  E  L  E  I  W  T  H  M  I  R  R  O  R  W
A  S  S  A  C  A  S  E  L  W  O  B  Z  O  O
```

BIRD	FISH	NAME TAG	SEED
BOWL	GERBIL	PARAKEET	SNAILS
BRUSH	GUINEA PIG	PARROT	SWING
CAGE	GUPPIES	PLANTS	TANK
CASE	HAMSTER	PUPPY	TREATS
COLLAR	KITTEN	RABBIT	TURTLE
DOGS	MIRROR	SAND	VITAMINS
EXERCISE	MONKEY	SCRATCHING	WATER DISH
WHEEL	MYNAH	POST	

GONE IN A FLASH

The leftover letters will spell out the words of tennis champ Billie Jean King.

Hidden Message on page 97

```
V  I  C  S  T  G  N  I  T  I  R  W  Y  K  S
B  U  B  B  L  E  N  K  S  O  R  G  N  H  S
E  M  I  T  P  A  N  Y  I  A  N  I  O  C  E
S  F  L  E  M  I  I  C  E  I  L  P  I  N  C
F  T  H  W  W  S  E  C  N  T  P  E  T  U  E
A  I  O  N  O  C  N  T  R  I  G  L  A  P  R
D  N  R  U  U  B  H  O  N  E  O  S  C  T  R
S  U  S  B  C  G  N  G  I  C  M  M  A  U  E
H  R  E  I  I  H  S  I  O  H  E  M  V  O  M
O  E  R  L  P  P  D  M  A  T  S  E  O  K  M
W  M  A  B  R  A  E  O  E  R  M  A  K  C  U
E  O  C  E  L  T  R  O  W  A  N  G  F  O  S
R  H  E  I  P  I  R  T  E  N  A  L  P  N  J
S  F  O  R  E  V  N  R  Y  R  O  T  S  K  E
R  R  U  O  T  E  D  K  R  E  D  N  U  H  T
```

BLINK	HORSE RACE	PLANE TRIP	STORY
BUBBLE	ICE CUBE	RAINBOW	SUMMER
COMET	JOKE	RECESS	THUNDER
COMMERCIALS	KNOCKOUT	SALE	TOUCHDOWN
DETOUR	PUNCH	SHOPPING	VACATION
DREAM	LIGHTNING	SPREE	WINK
FADS	METEOR	SHOWER	
FASHIONS	NAP TIME	SKYWRITING	
HOME RUN	PARTY	SNOWMAN	

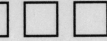

DROP US A LINE

The leftover letters will finish this Anthony Trollope quote: "This at least should be a rule through the letter-writing world: That..."

Hidden Message on page 97

```
S N O A H P A R G A R A P N G
R T Y D E A R J O H N N Y L Y
L L A P N E P L E N R S T L T
E A P M O R I B O A T W P P E
P O N U P C S U M M T E E E D
T S I O N L N M A E R R E L F
O E U E S C A R A D I N P H D
T N P A E R T W E O D N O T S
Y T H M G E E U D O S R L S U
D E E M R T S P A W O I E L L
H N A O E T I R W T C N V S V
T C E C E E E L A P I S N E S
D E S I S L I A M S A O E I N
C S M A R G I N U E L I N T W
A S W R I F T B O M E M T E N
```

ADDRESS	ENVELOPE	PARAGRAPH	SHEET
ANNOUNCE-MENT	FRIEND	PENCIL	SOCIAL
	GRAMMAR	PEN PAL	STAMP
ANSWER	LETTER	PERIOD	WRITE
BUSINESS	MAILS	PERSONAL	
COMMA	MARGIN	PUNCTUATION	
COPY	MEMO	REPLY	
"DEAR JOHN"	NAME	SENTENCES	

SUPPORT NEEDED

The leftover letters will sing out words from the popular song "Lean on Me."

Hidden Message on page 97

```
T N M U L O C H A I N K I R A
N S T A K E P L L B C E O Y R
E G I B A R P A O O B B G O C
M R U U R T F E R E R R I E H
E A E T F O U N D A T I O N L
C N M M N O E R T E C D I A B
R D U E L R O S E R S H L R R
O S I N S C S R H D A T U C A
F T D T K E S E E L R P A T C
N A O M R O F T A L P I M L E
I N P T E R I F I C P Y G A P
E D T V A M E A O L A D D E R
R U A M B L A R U C T B P A O
B T E E X P O S T R R O L Y P
S O R A L L I P T N R M A E B
```

ABUTMENT	COLUMN	LEG	RAMPART
ARBOR	CORNERSTONE	MAST	REINFORCE-
ARCH	CRANE	PARACHUTE	MENT
AXLE	FOUNDATION	PEDESTAL	ROOT
BEAM	FRAME	PILLAR	ROPE
BEDROCK	GIRDER	PLATFORM	STAKE
BRACE	GRANDSTAND	PODIUM	STAVE
BUTTRESS	HOOK	POST	STILT
CABLE	I-BAR	PROP	TIMBER
CHAIN	LADDER	RAFTER	

MIGHTY MISSISSIPPI

The leftover letters will unveil a bit of trivia about this great river.

Hidden Message on page 97

```
T Y H E R A O O Z A Y I V E R
F L T O W J C S V S Y D D U M
F C R I E S I S N A T L E D A
O U A T C G X A A M L I T S E
E O T I U O E L S T O L U R R
E Y C E R L M S E D I M E N T
S A I N R O F M B V Y E D Y S
S B I O E N O N E C E E K I W
E H W S N E F S N G S L H A E
N E O N T O L I D M D P T G L
N T R W A T U C O M M E R C E
E O E O B Q G I S E R A R T H
T K V T E O N M M G B U L D F
B R I D G E A H C N A R B O F
M E R D S D X T R E I P I C O
```

BARGE
BAYOU
BEND
BRANCH
BRIDGE
CAIRO
CITY
COMMERCE
CURRENT

DAMS
DELTA
DES MOINES
DIKE
DREDGE
GULF OF
   MEXICO
JETTY
LAKE ITASCA

LEVEL
LOGS
MEMPHIS
MUDDY
NEW ORLEANS
PIER
QUINCY
RIVER
SEDIMENT

SHOWBOAT
STREAM
TENNESSEE
TOWNS
VALLEY
WATER
YAZOO

IT MAKES SCENTS

The leftover letters will recite a famous line from Shakespeare's "Romeo and Juliet."

Hidden Message on page 97

```
G T B R A N D Y H A T W H V R
I I C I L U O H C T A P A E S
C I N N A M O N T H W N D O A
E C A G L L W A E R I W A O R
G E S E E B L Y A L O P A E F
N N L L Y R A R L P O T V F A
G N I K A B D A E R B O P R S
H M L Y C E N C A D L R I E S
E N C E R U A E V C N A N E A
A M D O M F S E E E H E E S S
W A T A L O N Y S S G R V I O
R U N T R O N O E I L A R A D
S M I T E L G R C N L A S Y L
S S M A C E F N W A O C O C M
E P O R T O I L E H B H E E T
```

ANISE	COCOA	LAVENDER	ROSE
ATTAR	COLOGNE	LEMON	SAGE
BACON FRYING	FACE POWDER	LIME	SANDALWOOD
BRANDY	FREESIA	MACE	SASSAFRAS
BREAD BAKING	FRESH AIR	MINT	SOAP
CEDAR	GINGER	MYRRH	TEA LEAVES
CINNAMON	HELIOTROPE	PATCHOULI	VANILLA
CLOVER	HONEYSUCKLE	PINE	

Answers

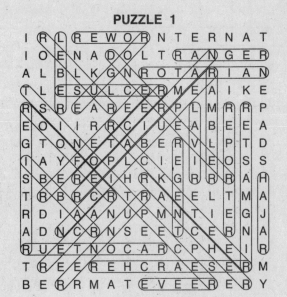
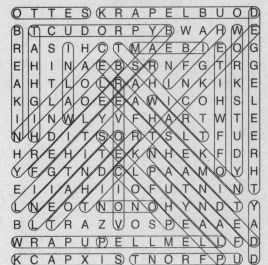
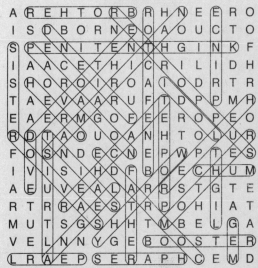

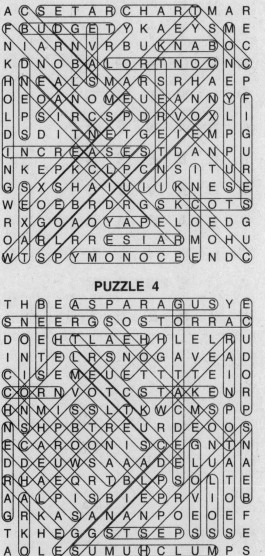

PUZZLE 4

PUZZLE 3

PUZZLE 5

PUZZLE 6

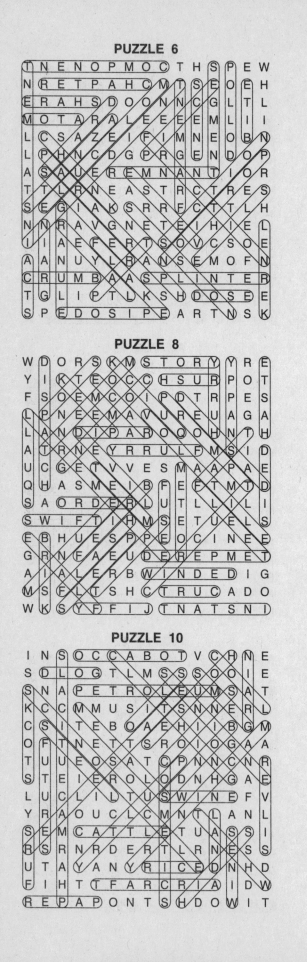

PUZZLE 7

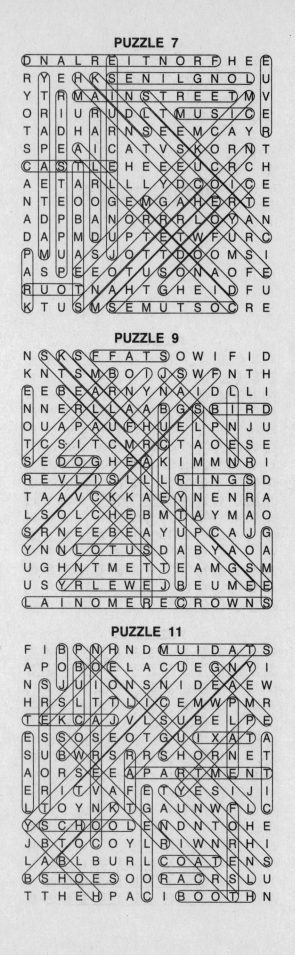

PUZZLE 8

PUZZLE 9

PUZZLE 10

PUZZLE 11

PUZZLE 12

PUZZLE 13

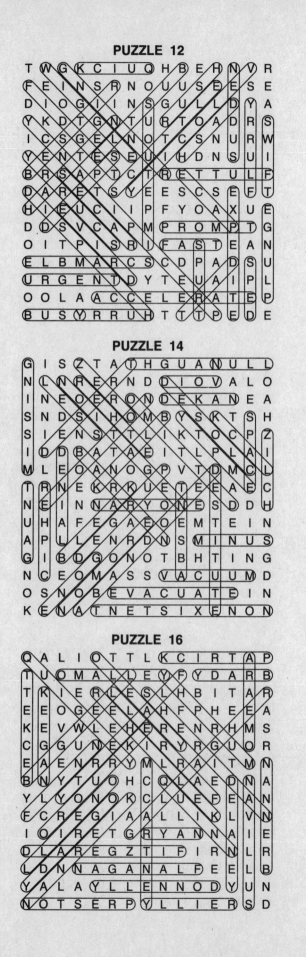

PUZZLE 14

PUZZLE 15

PUZZLE 16

PUZZLE 17

PUZZLE 18

PUZZLE 19

PUZZLE 20

PUZZLE 21

PUZZLE 22

PUZZLE 23

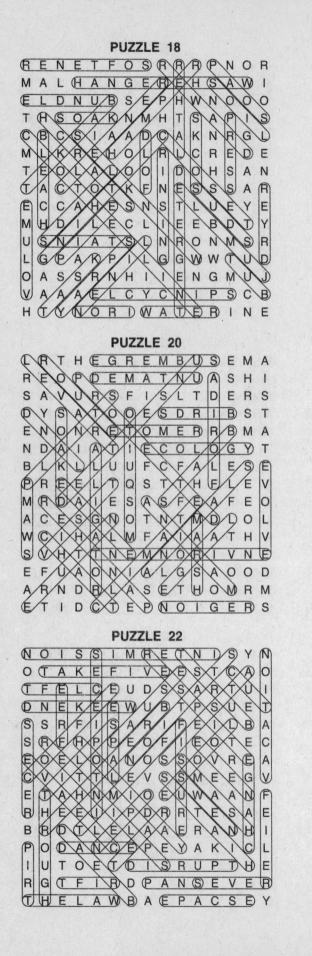

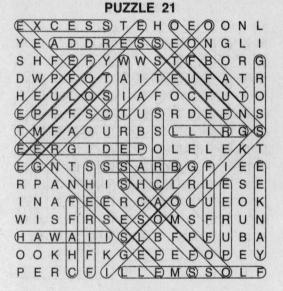

PUZZLE 24

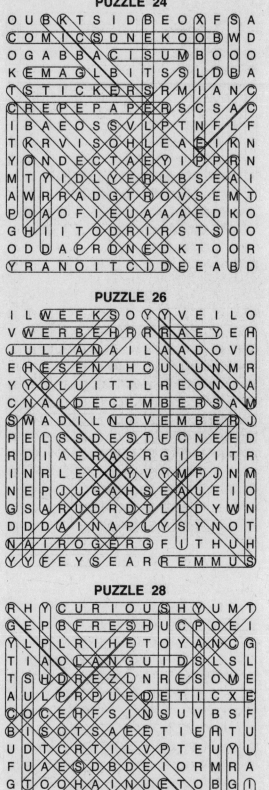

```
O U B K T S I D B E O X F S A
C O M I C S D N E K O O B W D
O G A B B A C I S U M B O O A
K E M A G L B I T S S L D B A
T S T I C K E R S R M I A N C
C R E P E P A P E R S C S A C
I B A E O S S V L P T N F L F
T K R V I S O H L E A E I K N
Y O N D E C T A E Y I P P R N
M T Y I D L Y E R L B S E A I
A W R R A D G T R O V S E M T
P O A O F I E U A A A E D K O
G H I I T O D R I R S T S O O
O D D A P R O N E D K T O O R
Y R A N O I T C I D E E A B D
```

PUZZLE 25

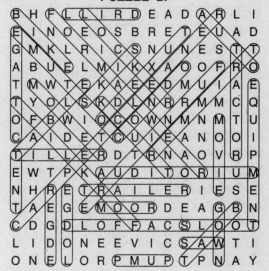

```
O O H Y L L A B U Z Z E R R K
C C T E K C A R D O S I R E N
R I R O A R Y U L R D O K T O
A Y T N D H O N U N U N R T C
S R N A O O O S O T O M O A K
H O E W T I O I C H E D M L E
N T L D S S R E R P J A C S O
B M O E N O Y R B T E O L S N
C A R C L U A W R E T A C R N
T L R P S F H M I P L B M A I
S D X N I R T E M H L T T C O
A E H A S A N E N U R O U T B
L B E T L H C E E R C S N L O
B K L A X O N C K T O U S E O
S E M I H C S I T U O H S R W
```

PUZZLE 26

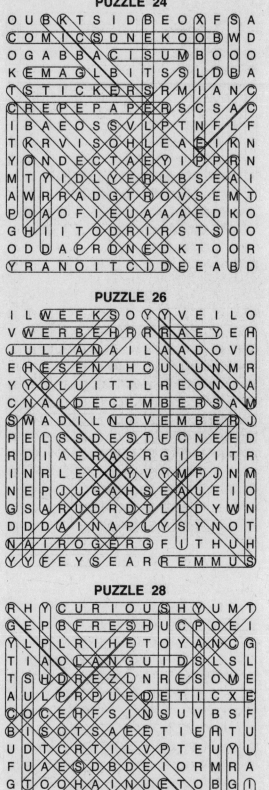

```
I L W E E K S O Y Y V E I L O
V W E R B E H R R R A E Y E H
J U L I A N A I L A A D O V C
E H E S E N I H C U L U N M R
Y Y O L U I T T L R E O N O A
C N A L D E C E M B E R S A M
S W A D I L N O V E M B E R J
P E L S S D E S T F C N E E D
R D I A E R A S R G I B I T R
I N R L E T U Y V Y M F J N M
N E P J U G A H S E A U E I O
G S A R U D R D T L L D Y W N
D D D A I N A P L Y S Y N O T
N A I R O G E R G F U T H U H
Y Y F E Y S E A R R E M M U S
```

PUZZLE 27

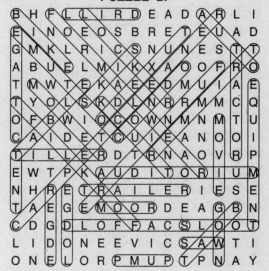

```
B H F L L I R D E A D A R L I
E I N O E O S B R E T E U A D
G M K L R I C S N U N E S T T
A B U E L M I K X A O O F R O
T M W T E K A E E D M U I A E
T Y O L S K D L N R M M C Q U
O F B W I O C O W N M N M T I
C A I D E T C U I E A N O I P
T I L L E R D T R N A O V R P
E W T P K A U D I T O R I U M
N H R E T R A I L E R I E S E
T A E G E M O O R D E A G B N
C D G D L O F P A C S L O O T
L I D O N E E V I C S A W T I
O N E L O R P M U P T P N A Y
```

PUZZLE 28

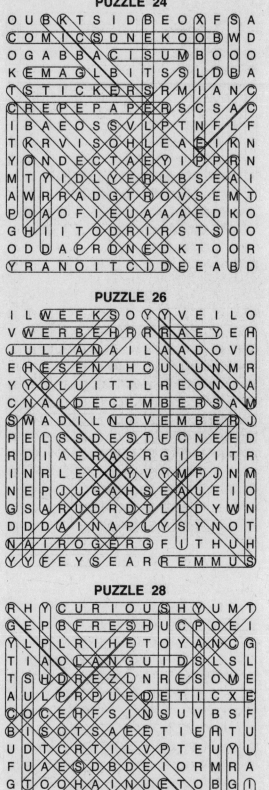

```
R H Y C U R I O U S H Y U M T
G E P B F R E S H U C P O E I
Y L P L R I H E T O Y A N C G
T I A O L A N G U I D S L S L
T S H D R E Z L N R E S O M E
A U L P R P U E E T I C X E
C O C E H F S I N S U V B S F U
B I S O T S A E E T I E H T U
U D T C R T I L V P T E U Y L
F U A E S D B D E I O R M R A
G T O O H A I N U E T O I R A
D S U C I T S A C R A S L N R
P R E M R I A S L O P G E A
N I A V V N A P L I A L E R T
T Y T E E W S L A I N E G R E
```

PUZZLE 29

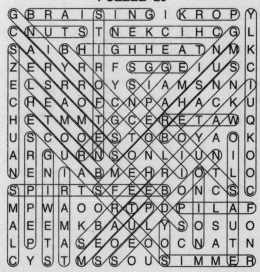

```
G B R A I S I N G I K R O P Y
C N U T S T N E K C I H C G L
S A I B H I G H H E A T N M K
Z E R Y R R F S G G E I U S C
E L S R R O Y S I A M S N N I
C H E A O F C N P A H A C K U
H E T M M T G C E R E T A W Q
U S C O O E S T O B O Y A O K
A R G U R N S O N L I U N I O
N E N I A B M E H R I O T L C
S P I R T S F E X B O N C S
M P W A O O R T P D P I L A F
A E E M K B A U L Y S O S U O
L P T A S E O E O O C N A T N
C Y S T M S S O U S I M M E R
```

PUZZLE 30

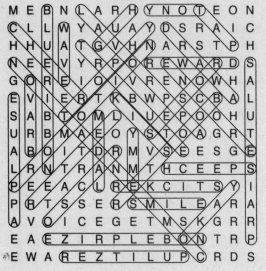

PUZZLE 31

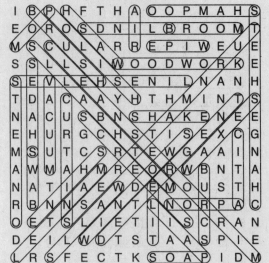

PUZZLE 32

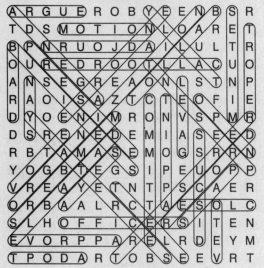

PUZZLE 33

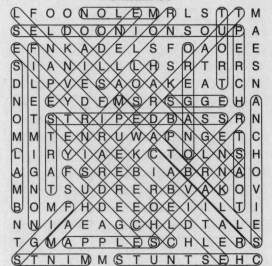

PUZZLE 34

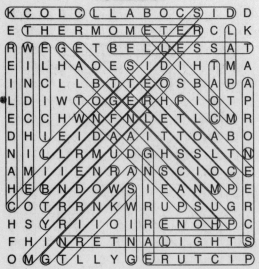

PUZZLE 35

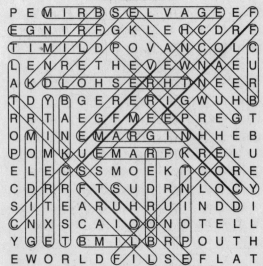

PUZZLE 36

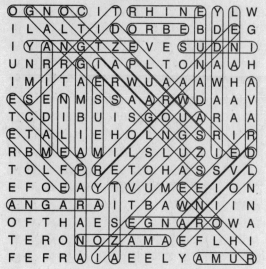

PUZZLE 37

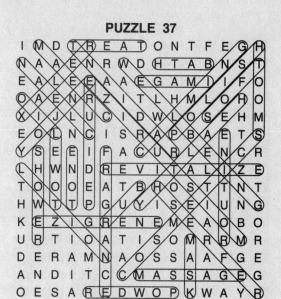

PUZZLE 38

PUZZLE 39

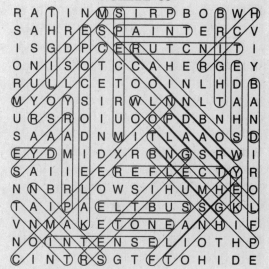

PUZZLE 40

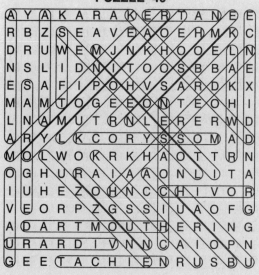

PUZZLE 41

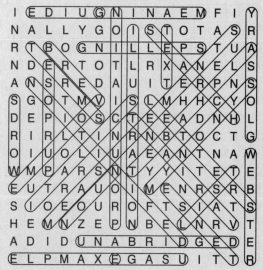

PUZZLE 42

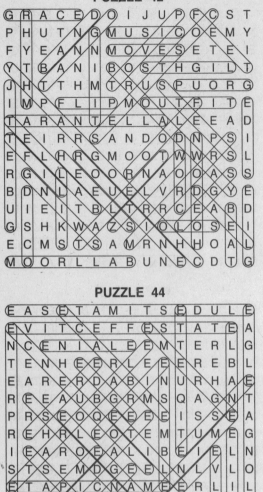

```
G R A C E D O I J U P F C S T
P H U T N G M U S I C O E M Y
F Y E A N N M O V E S E T E I
Y T B A N I B O S T H G I L T
J H T T H M T R U S P U O R G
I M P F L I P M O U T F I T E
T A R A N T E L L A L E E A D
T E I R R S A N D O D N P S I
E F L H R G M O O T W W R S L
R G I L E O O R N A O O A S S
B D N L A E U E L V R D G Y E
U I E I T B L T R R C E A B D
G S H K W A Z S I O L O S E I
E C M S T S A M R N H H O A L
M O O R L L A B U N E C D T G
```

PUZZLE 43

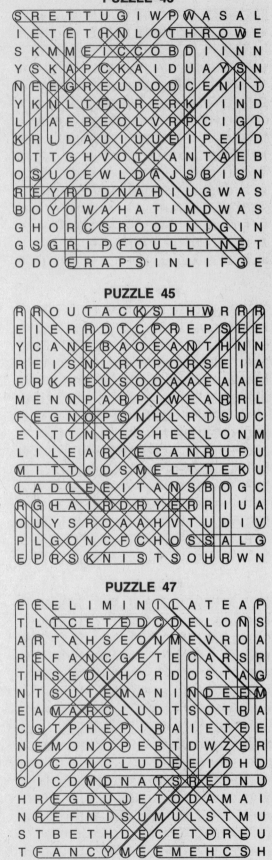

```
S R E T T U G I W P W A S A L
I E T E T H N L O T H R O W E
S K M M E I C C O B D I I N N
Y S K A P C K A I D U A Y S N
N E E G R E U D O D C E N I T
Y K N L T F L R E R K I I N D
L I A E B E O L V R P C I G L
K R L D A U I U U E I P E L D
O T T G H V O T L A N T A E B
O S U O E W L D A J S B I S N
R E Y R D D N A H I U G W A S
B O Y O W A H A T I M D W A S
G H O R C S R O O D N I G I N
G S G R I P F O U L L I N E T
O D O E R A P S I N L I F G E
```

PUZZLE 44

```
E A S E T A M I T S E D U L E
E V I T C E F F E S T A T E A
N C E N I A L E E M T E R L G
T E N H E E R L E E E R E B L
E A R E R D A B I N U R H A E
R E E A U B G R M S Q A G N T
P R S E O Q E E E I S S E A G
R E H R L E O T E M T U M E N
I E A R O E A L I B E I E L N
S T S E M D G E E L N L V L O
E T A P I C N A M E E R L I L
M R I C A T H E N V E L O P E
C R U E R L R C A C E E V S A
E L S E R S E T E R E R E E H
E E K O V E S S E N C E R E
```

PUZZLE 45

```
R R O U T A C K S I H W R R R
E I E R R D T C P R E P S E E
Y C A N E B A O E A N T H N N
R E I S N L R T P O R S E I A
F R K R E U S O O A A E A A E
M E N N P A R P I W E A R R L
F E G N O P S N H L R T S D M
E I T N R E S H E E L O N U
L I L E A R I E C A N R U F C
M I T T C D S M E L T T E K U
L A D L E E I T A N S B O G A
R G H A I R D R Y E R R I U V
O U Y S R O A A H V T U D I
P L G O N C F C H O S S A L G
E P R S K N I S T S O H R W N
```

PUZZLE 46

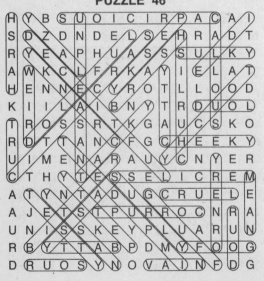

```
H Y B S U O I C I R P A C A I
S D Z D N D E L S E H R A D T
R A Y E A P H U A S S S U L K Y
A W K C L F R K A Y I E L A T
H E N N E C Y R O T L L O O D
K I I L A I B N Y T R D U O L
T R O S S R T K G A U C S K O
R D T T A N C F G C H E E K Y
U I M E N A R A U Y C N Y E R
C T H Y T E S S E L I C R E M
A T Y N T A D U G C R U E L E
A J E T S T P U R R O C N R A
U N I S S K E Y P L U A R U N
R B Y T T A B P D M Y F O O G
D R U O S Y N O V A I N F D G
```

PUZZLE 47

```
E E E L I M I N I L A T E A P
T L T C E T E D C D E L O N S
A R T A H S E O N M E V R O A
R E F A N C G E T E C A R S R
T H S E D I H O R D O S T A G
N T S U T E M A N I N D E E M
E A M A R C L U D T S O T R A
C G T P H E P I R A I E T E E
N E M O N O P E B T D W Z E R
O O C O N C L U D E E I D H D
C I C D M O N A T S R E D N U
H R E G D U J E T O D A M A I
N R E F N I S U M U L S T M U
S T B E T H D E C E T P R E U
T F A N C Y M E E M E H C S H
```

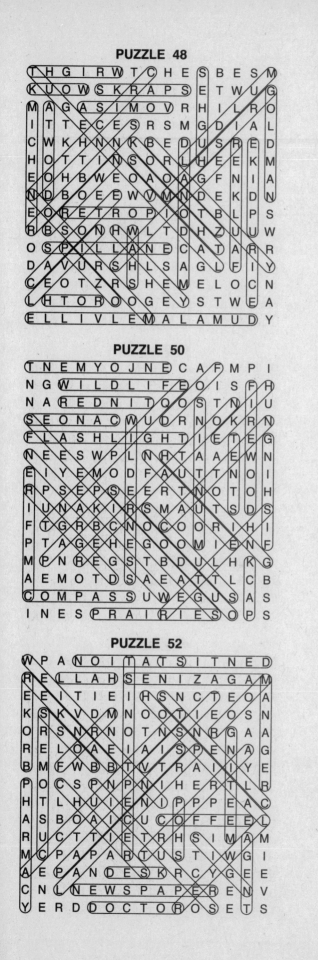

PUZZLE 48

PUZZLE 49

PUZZLE 50

PUZZLE 51

PUZZLE 52

PUZZLE 53

PUZZLE 54

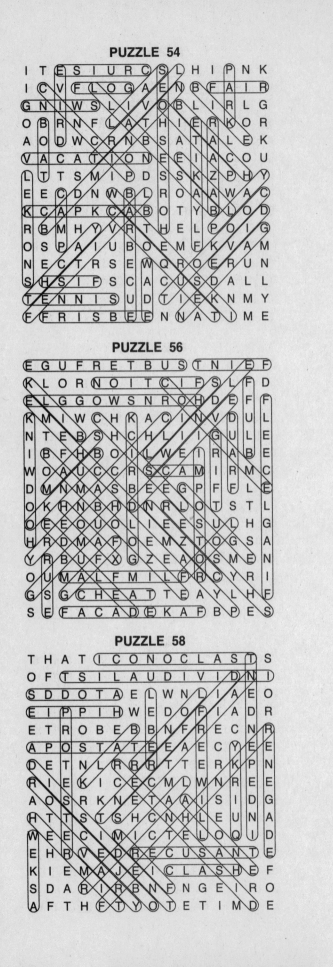

```
I T E S I U R C S L H I P N K
I C V F L O G A E N B F A I R
G N I W S L I V O B L I R L G
O B R N F L A T H I E R K O R
A O D W C R N B S A T A L E K
V A C A T I O N E E I A C O U
L T T S M I P D S S K Z P H Y
E E C D N W B L R O A A W A C
K C A P K C A B O T Y B L O D
R B M H Y V R T H E L P O I G
O S P A I U B O E M F K V A M
N E C T R S E W Q R O E R U N
S H S I F S C A C U S D A L L
T E N N I S U D T I E K N M Y
F F R I S B E E N N A T I M E
```

PUZZLE 55

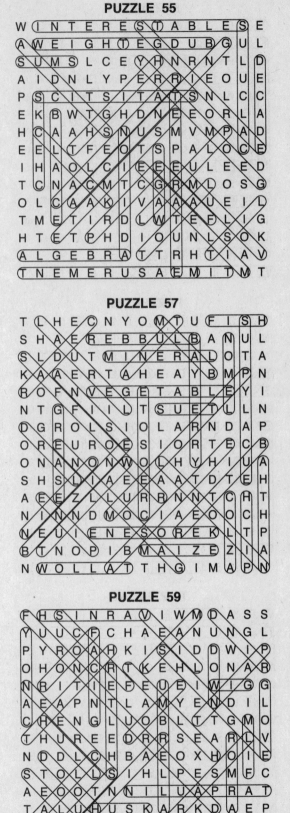

```
W I N T E R E S T A B L E S E
A W E I G H T E G D U B G U L
S U M S L C E Y H N R N T L D
A I D N L Y P E R R I E O U E
P E K B W T G H D N E E O R L C A
H C A A H S N U S M V M P A D
E E L T F E O T S P A L O C E
I T H A O L C I E E E U L E E D
T C N A C M T C G R M L O S G
O L C A A K I V A A A U E I L
T M E T I R D L W T E F L I G
H T E T P H D I O U N L S O K
A L G E B R A T T R H T I A V
T N E M E R U S A E M I T M T
```

PUZZLE 56

```
E G U F R E T B U S T N I E F
K L O R N O I T C I F S L F D
E L G G O W S N R O H D E F F
K M I W C H K A C I N V D U L E
N T E B S H C H L I I G U L E
I B F H B O I L W E I R A B E
W O A U C C R S C A M I R M C
D M N M A S B E E G P F F L E
O K H N B H D N R L O T S T L
O E E O U O L I E E S U L H G
H R D M A F O E M Z T O G S A N
Y R B U F X G Z E A O S M E N
O U M A L F M I L F R C Y R I
G S G C H E A T T E A Y L H F
S E F A C A D E K A F B P E S
```

PUZZLE 57

```
T L H E C N Y O M T U F I S H
S H A E R E B B U L B A N U L
S L D U T M I N E R A L O T A
K A A E R T A H E A Y B M P N
R O F N V E G E T A B L E Y I
N T G F I I L T S U E T L L N
O G R O L S I O L A R N D P
O R E U R O E S I O R T E C B
O N A N O N W O L H Y H I U A
S H S L I A E E A A T D T E H
A E E Z L L U R R N N T C H T
N I N D M O C I A E O O I H P
N E U I E N E S O R E K L T P A
B T N O P I B M A I Z E Z I A
N W O L L A T H G I M A P N
```

PUZZLE 58

```
T H A T I C O N O C L A S T S
O F T S I L A U D I V I D N I
S D D O T A E L W N I A E O
E I P P I H W E D O F I A D R
E T R O B E B B N F R E C N R
A P O S T A T E E A E C Y E E
D E T N L R R R T T E R K P N
R I E K I C E C M L W N R E D E
A O S R K N E T A A I S I D N
H T T S T S H C N H L E U N I
W E E C I M I C T E L O Q U I D
E H R V E D R E C U S A N T E
K I E M A J E I C L A S H E F
S D A R I R B N F N G E I R O
A F T H E T T Y O T E T I M D E
```

PUZZLE 59

```
F H S I N R A V I W M D A S S
Y U U C F C H A E A N U N G L
P Y R O A H K I S I D W I P
O H O N C R T K E H L O N A R
N R I T I E F E U E I W I G G
A E A P N T L A M Y E N D I L O
C H E N G L U O B L T T G M O R
T H U R E E D R R S E A R L V
N D D L C H B A E O X H O I E
S T O L L S I H L P E S M F C
A E O O T N N I L U A P R A T
T A L U H U S K A R K D A E P
K T C A T E P R A C A R W A X
C C T O C V E P E E P E T R I
O N G M E S H E E T A L P U P
```

PUZZLE 60

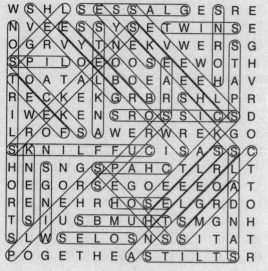

PUZZLE 61

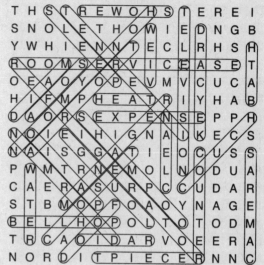

PUZZLE 62

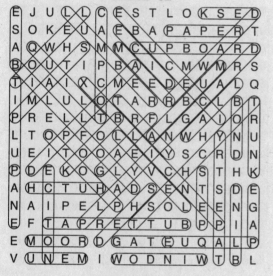

PUZZLE 63

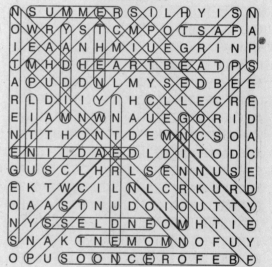

PUZZLE 64

PUZZLE 65

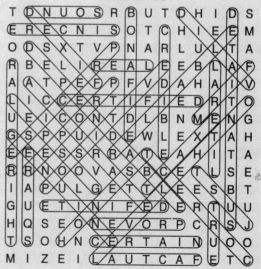

PUZZLE 66

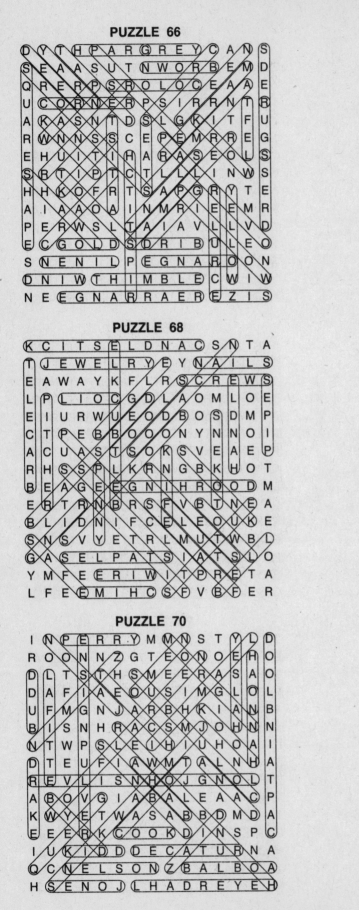

PUZZLE 67

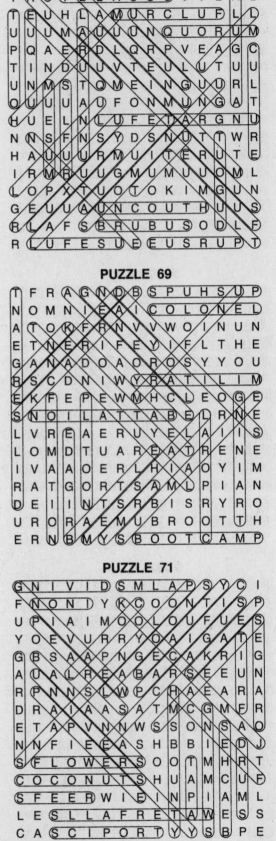

PUZZLE 68

PUZZLE 69

PUZZLE 70

PUZZLE 71

PUZZLE 72

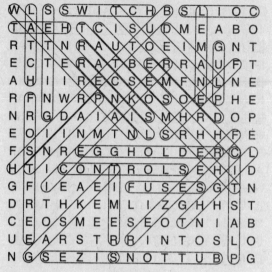

PUZZLE 73

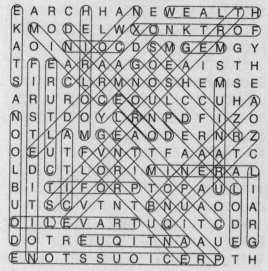

PUZZLE 74

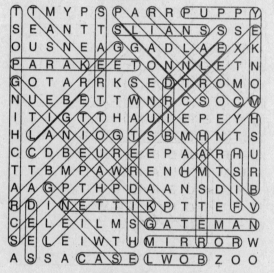

PUZZLE 75

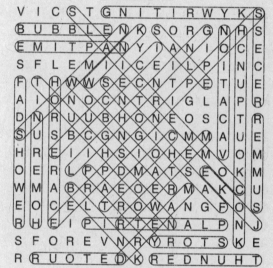

PUZZLE 76

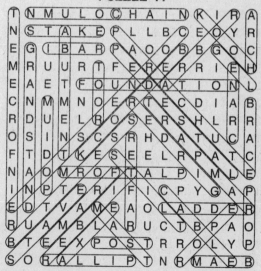

PUZZLE 77

PUZZLE 78

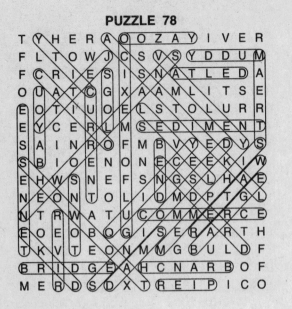

PUZZLE 79

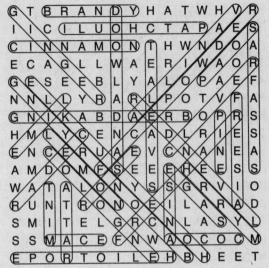

HIDDEN MESSAGES

1. International Talk Like a Pirate Day is held in mid-September, matey!
2. A mark, a yen, a buck, or a pound...it makes the world go 'round.
3. Washington-on-the-Brazos
4. "The Yodeling Veterinarian of the Alps"
5. A hero is born out of a childhood trauma, or out of disaster, that must be avenged.
6. The whole is greater than the sum of its parts.
7. ...Here youth may savor the challenge and promise of the future.
8. Worry often gives a small thing a big shadow.
9. Now if I'd known/ They'd line up just to see him/ I'd taken all my money/ And bought me a museum.
10. Investment must be rational. If you can't understand it, don't do it.
11. Find a place inside where there's joy, and the joy will burn out the pain.
12. There's no use doing a kindness if you do it a day too late.
13. Virtue is bold, and goodness never fearful.
14. ...I stand alone and think/ Til love and fame in nothingness do sink.
15. Rather fail with honor than succeed by fraud.
16. "A Little Bit of Heaven, Sure They Call It Ireland"
17. What's wrong with the way I talk? What's the big idea? Am I dumb or something?
18. Normal is nothing more than a cycle on a washing machine.
19. I can't get with any religion that advertises in "Popular Mechanics."
20. The marsh is a filter system, and it buffers the effect of the flood and storm tides.
21. The only English word with four double letter pairs in a row is "subbookkeeper."
22. You Deserve a Break Today
23. Be warm, but pure; be amorous, but be chaste.
24. Outside of a dog, a book is a man's best friend. Inside of a dog its too dark to read.
25. Could you describe the ruckus, sir?
26. I love, I love, I love my little calendar girl every day... of the year.

27. Headlines, bread lines blow my mind, and now this deadline: "Eviction or pay."
28. Humility is no substitute for a good personality.
29. If Yan can cook, so can you!
30. Men are only as rich as they give. He who gives great service gets great rewards.
31. If there's anything I can't stand, it's a perfect kid.
32. "Robert's Rules of Order" by General Henry M. Robert
33. Fools makes feasts, and wise men eat them.
34. Deck the halls with boughs of holly
35. Peeked over the edge where the blue smoke curls/ And I can tell you...the world is flat!
36. I will give unto him that is athirst of the fountain of the water of life freely.
37. I don't fear death.... When I start to think about it, I order a massage and it goes away.
38. Zzzzzzzzzzzzzzzzzzzzzzzzzzz-zzzzzz
39. Rainbows are visions/They're only illusions/And rainbows have nothing to hide
40. Beavers do better work than the Corps of Engineers.
41. I finally got around to reading the dictionary. Turns out the zebra did it.
42. I just put my feet in the air and move them around.
43. I was a little, skinny... kid, and I decided that bowling was what I was going to do in life.
44. Ere her ear hears her err, here ears err here.
45. Our repairmen are the lonliest guys in town.
46. Badder than old King Kong/ Meaner than a junkyard dog
47. Eliminate all other factors, and the one which remains must be the truth.
48. The best writers make the fewest words go the longest way.
49. Chill the onion for a few minutes and cut the root end last.
50. Camping is nature's way of promoting the motel business.
51. Here in my car/I feel safest of all
52. Patience doesn't always help, but impatience never does.
53. I've always wondered...since coffee is made from beans, does that make it a vegetable?

54. I think I'll go for a walk outside now/The summer sun's callin' my name
55. Well, certainly people who have failed to solve it might think that.
56. Lord, what fools these mortals be!
57. Then you shall take the anointing oil and pour it on his head and anoint him.
58. That so few now dare to be eccentric, marks the chief danger of tHe time.
59. I was such an ugly kid — when I played in the sandbox, the cat kept covering me up.
60. Wherever we go, whatever we do,/We're going to go through it together.
61. There is nothing... by which so much happiness is produced as by a good tavern or inn.
62. Just look at him. Square. The shape of evil?
63. Lying in my bed I hear the clock tick, and think of you
64. Freedom requires no effort to enjoy but requires heroic efforts to preserve.
65. Truth is the most valuable thing we have. Let us economize it.
66. A stitch in time, saves nine.
67. "I Still Haven't Found What I'm Looking For"
68. Stay away from our women. You've got metal fever, boy. Metal fever.
69. From now on, until the day you die, wherever you are, every Marine is your brother.
70. I'm strong to the finish when I eats me spinach
71. If you aim your spear at two fish, both will escape.
72. I'm a born entertainer. When I open the fridge and the light comes on, I burst into song.
73. Archaeology is the search for fact... not truth.
74. My parents used to take me to the pet department and tell me it was a zoo.
75. Victory is fleeting. Losing is forever.
76. ...No angry letter be posted till four-and-twenty hours will have elapsed since it was written.
77. ...I'll be your friend/I'll help you carry on
78. The river flows from its source in Minnesota to the Gulf of Mexico.
79. That which we call a rose/By any other name would smell as sweet